1日10分
英語回路
育成計画

超音読レッスン
偉人伝編

新装版

鹿野晴夫＝著　川島隆太＝監修

JN086546

装幀・イラスト	斎藤 啓
本文デザイン DTP	コン トヨコ
ナレーション	Josh Keller, Deirdre Merrell-Ikeda
録音編集	株式会社 巧芸創作

偉人伝

「英語回路」育成計画

1日10分
超音読レッスン
偉人伝編

鹿野 晴夫［著］

川島 隆太［監修］

IBC

もくじ

偉人伝

トレーニングの前に

■ 名人物のストーリーで、「英語回路」をつくろう

■ 脳科学の言葉
脳を鍛えて「英語回路」をつくる

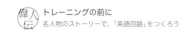

名人物のストーリーで、「英語回路」をつくろう

英語トレーニングのICC
鹿野　晴夫

「1日10分」だから、誰でも続けられる

本書は、「1日10分！『英語回路』育成計画」シリーズの4作目です。これまでに、「半信半疑で始めたけど、スコアアップできた」「目標のTOEICスコアを獲得できた」といった声をたくさんいただきました。

「英語回路」を育成するトレーニングは、1日10分。たった10分でも、英語力が伸びる理由は、楽しく続けられるからです。トレーニングに使用する英文には、日本語訳も語彙解説もありますから、辞書を引くまでもなく、ちょっとした空き時間を使って、気軽に練習できます。

ぜひ、英語に苦手意識を持っている皆さん、さまざまな方法を試したけれど、なかなか続けられなかった皆さんに、本書を使って、「英語回路」が育成されていく実感を味わっていただきたいと思います。特に、英語学習に関して下記の「失敗体験」をお持ちの方に、本書は効果的です。

- 問題集を解くと、自信が無くなる
- 単語集を買っても、覚えられない
- 文法書を読んでも、面白くない
- 英語を聞き流すと、眠くなる
- 易しい英文でも、話の筋を見失う

私自身、中・高・大と英語が大の苦手。会社員になり、29歳で初受験したTOEICは、335点でした。そんな私ですが、1年で610点、2年3カ月で730点、3年半で850点になりました。そして、開始から7年で900点を超えることもできました。各レベルでトレーニングの内容は多少違うものの、本書で紹介のトレーニングは、ずっと続けてきました。

35歳からは、トレーニング方法を指導してくれた千田潤一先生が代表を務める「英語トレーニングのICC」に所属し、私を変えてくれた「英語トレーニング」をもっと多くの人に知ってもらうための仕事を始めました。当初は、企業・学校などの講演で、トレーニング方法を紹介することが中心でしたが、2004年には、東京の赤坂見附にICC東京本校をオープンし、社会人を中心に300名以上の方が通学されています。

前述の症状は、ICC東京本校に通学されている皆さんが、入校時に持っていた代表的な悩みです。そんな皆さんも、本書のトレーニングで、グングン英語力を伸ばされています（本書に、その声をいくつか掲載しています）。

本書のトレーニングは、私自身に効果があった方法であり、ICC東京本校の生徒さんや全国の読者の皆さんに効果があった方法です。効果が実証されているだけでなく、効果がある理由も明らかになっています。それは、本書のタイトルの通り、「英語回路」を育成する方法だからです。その原理は、本書の監修者である東北大学の川島隆太教授が解説してくれています（詳細は、22ページ）。

この本を手にした皆さんも、本書のトレーニングを楽しく継続して、英語力アップを実現してください。

「英語回路」ができていないと上達しない

「英語上達のカギは、やっぱり単語と文法」英語が苦手だったころには、私もそう思っていました。

でも、今は違います。前述のとおり、英語上達のカギは、「英文をイメージで処理できる英語回路を育成すること」です。

英語と日本語は、単語も違いますし、文法も違います。ですから、英語を理解するための基本が、単語と文法であることは事実です。しかし、単語と文法の知識を使って、英文を日本語に訳せるように勉強しても、英語を英語のまま理解できるようにはなりません。英語を日本語に置き換えた後で、脳の日本語を処理する回路（日本語回路）を使って理解しても、英語のまま理解する回路（英語回路）は育成できないのです。

英語回路ができていないと、英語であっても、常に日本語回路を使って処理しなければなりません。けれども、英語と日本語は語順が違いますから、日本語回路ではすばやく処理できません。

例えば、This is the book that I bought yesterday. を日本語回路で理解すれば、「これは（This）、昨日（yesterday）、私が買った（I bought）、本（the book）、です（is）」となります。この方法で英文を読もうとすると、目を前後させなければならないのです。

英文を読むことは、時間をかければ、日本語回路を使ってもなんとか可能です。でも、聴く際は、相手の話すスピードに合わせて聴かなければなりませんし、耳を前後させることもできませんから、日本語回路を使って聴くことは、ほぼ不可能です。

ですから、英語回路が育成されていなければ、ナチュラル・スピードの英語の聴き取りや、1分間に150語以上で速読する必要のあるTOEICテストなどのスピードにも、まったくついていけません。

TOEICテストの単語は、大学入試センター試験の単語と95%以上合致していますし、文法は高校1年生までに習うものですが、大学1年生の平均スコアは419点（990点満点）です（2010年度TOEIC IPテスト）。

英語は英語回路を使って処理しなければ、「使える」レベルのスピードには到底達しないのです。

単語や文法を覚えても、英語が聴けない、速く読めない理由は、「英語回路」ができていないからです。「英語回路」の育成が進むと、英語が聴ける、速く読めるようになり、相乗的に単語や文法の定着率も上がるのです。

英語が楽しくなる !!

繰り返しになりますが、英語回路とは、「英語をイメージで処理する回路」です。人間の脳は、「映像を処理するコンピューター」ともいわれます。つまり、理解できるということは、イメージできる（映像化できる）ということです。次の英文を読んで、状況をイメージできるかどうか、試してみてください。

The marchers went up to the police in groups of 25. The police hit them with clubs, often on the head and shoulders. But the people did not try to stop them.

"MOHANDAS KARAMCHAND GANDHI"

さっと読んで、完全な映像が浮かばないまでも、デモの参加者が警察官にこん棒で、肩や頭を殴られている様子がイメージできれば、英語のまま理解できているということです。イメージが浮かばないか、英語の語順のまま理解できないか、日本語に訳さないと理解できない方は、英語回路の育成が必要です。

では、どの程度のイメージができれば、英語回路の完成といえるのでしょうか？ 今度は、上記の英文の日本語訳を読んで、同じようにイメージしてみてください。

「行進者たちは、25人ずつ1組になって警察官の前に出た。警察官は、彼らを棍棒で殴り、頭や肩を何度も狙った。しかし、行進する人々はやめさせようとはしなかった」

『ガンジー』

英文を読んだときよりも、はっきりとイメージできた方が多いのではないでしょうか？ 英文を読んだり聴いたりするときに、日本語のときと同じレベルで内容をイメージできたら、英語回路の完成です。

「英語回路」の育成が進むと、英語を聴いたり読んだりする際に、苦労せずに内容がわかるようになり、内容を楽しむ余裕が生まれます。楽しいと感じれば、もっと聴いたり読んだりするようになって、自然とインプットの量が増え、倍々で英語力が伸びていきます。

「速く音読する」ことが一番の方法

「英語を日本語に置き換えずに、イメージで理解する」

この練習を脳にさせ、英語回路を育成するのが、本書で紹介するトレーニング法です。脳を鍛える原理は、本書の監修者である東北大学の川島隆太教授の理論に基づいています（詳細は、22ページ）。

英語回路育成のためのトレーニングの基本は、速音読（そくおんどく）です。これは、「意味のわかった英文を、高速で音読すること」です。速音読で、「英語の文法体系を脳のネットワークに組み込み、英語回路をつくること」ができるのです。もちろん英語を処理するスピードも向上します。

ただ音読するだけで英語回路ができるのか？ と思われる方もいるかもしれませんが、単なる音読ではありません。大切なことは、「意味のわかった英文を使うこと」と「高速で音読すること」です。

「意味のわかった英文」とは、日本語と同じレベルで「イメージがわくようになった英文」ということです。そのために、日本語訳を活用します。日本語訳を音読して、十分に脳にイメージをわかせてから、同じ意味の英文を音読するのです。

「高速で音読する」とは、ネイティブが普通に音読するスピードを最低ラインの目標として、それ以上のスピードで音読するということです。ネイティブと同じかそれ以上のスピードで音読できれば、ネイティブの話す英語を楽に聴ける（処理できる）ようになるのです。

やさしい英文から、ステップアップ

英語回路を育成するには、「やさしい英文の音読から始めること」が大事です。難しい英文を音読しても、脳は活性化します。しかし、難しい英文は、速く音読するのが困難です。これでは、英語回路の育成に必要なスピードが不足してしまいます。

ですから、英語回路の育成のためには、やさしい英文を速く音読することから始めるのが最善です。音読のスピードが上がってきたら、だんだんと英文の難易度を上げていけば良いのです。

本書の英文とCDの音声スピードは、次のとおりです。

英文　　中学3年生～高校2年生レベルの英文
（語彙数1,000 ～ 2,000語）

音声

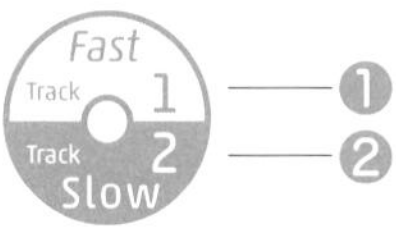

❶ ネイティブ・スピーカーが普通に音読するスピード（170 ～ 180語／分）。本書ではこれを Fast と呼びます。

❷ ネイティブ・スピーカーが慎重に音読するスピード（120 ～ 130語／分）。本書ではこれを Slow と呼びます。

テキストとして使用しているラダーシリーズは、使用語彙数が「1,000語・1,300語・1,600語・2,000語・制限なし」と5段階に分かれたリーダー・シリーズです。本書では、中学3年生～高校2年生レベルの1,000 ～ 2,000語レベルからトレーニングに適した英文を選びました。

本書に付属の音声CDは、同じ英文を、❶170 ～ 180語／分、❷120 ～ 130語／分の2段階で収録してあります。❶は、ニュースキャスターのように、情報を正確に伝えることに留意しつつ、普通に音読しているスピードです。❷は、ネイティブ・スピーカーが十分に感情を込めて、少し慎重に音読しているスピードです。

ちなみに、ネイティブ・スピーカーは、完全に意味を理解しながら、200語／分に近いスピードで音読することができます。これが、本書を使った速音読の最終目標スピードです。このスピードに近づく過程で、英語回路が育成されます。

英語回路をつくるシンプルな方法

本書では、次の要領でトレーニングします。

1. まずは、120 ～ 130語／分で、しっかりと意味を理解しながら、気持ちを込めて正確に音読できるようになる

2. 次のステップで、意味を理解しつつ、ネイティブ・スピーカーの最速（200語／分）を目標の目安として、自身の音読スピードを上げていく

この方法によって、「英語回路」が育成されます。

本書は、音読スピードが記録できるようになっています。記録をつけることで、自身の最高スピードが更新されていくのを確認してください。

なお、ネイティブ・スピーカーの最高速を目安にすることは大事ですが、ネイティブ・スピーカーはライバルではありません。

ライバルは、あくまでも自分自身です。本書で速音読を始める前の自分、昨日トレーニングしたときの自分、1回前に音読したときの自分。過去の自分より、少しでも速く音読できることが、また一歩、成長できた証(あかし)なのです。

「速音読」で、誰でもできる
「英語回路」。たのしく、どんどん
英語脳をつくろう！

脳科学の言葉

脳を鍛えて「英語回路」をつくる

東北大学加齢医学研究所教授
川島　隆太

脳が鍛えられ「英語回路」ができて一石二鳥

コミュニケーション能力を高めたい。
創造力を高めたい。
記憶力を良くしたい。
自制心を高めたい。

人の名前をきちんと覚えて、楽しい会話ができ、いいアイデアを出せ、器が大きい人になりたい。もちろん私もですが、皆さんもそう願っているのではないでしょうか。

これらの活動のカギを握っているのは、脳の前頭前野という部位である、ということが、私たちが行っている脳機能イメージングという研究からわかってきました。

前頭前野は、ヒトの脳の最大の特徴ともいうべき部位です。ヒトに次ぐ高度な脳を持つ類人猿のチンパンジーやボノボでさえ、大脳に占める前頭前野の大きさの比率はヒトに遠く及びません（ヒト:30%〜、チンパンジー・ボノボ:7〜10%）し、その他の動物には問題にならないほどわずかしかありません。ヒトをヒトたらしめている最も重要な部位ともいうべきなのが前頭前野であり、「創造力」や「コミュニケーション力」といった高次の脳活動を担っているわけです。

私たちはその前頭前野を鍛える方法を見つけました。効果のある代表的な方法は、「音読」と「単純計算」です。黙読より「音読」が、難解な数学の問題を解くより「単純計算」のほうが、前頭前野をおおいに活性化させることがわかったのです。

そして、最近の研究で、もっと脳を鍛えることができるトレーニングがあるとわかってきました。それは英文音読です。

この英文音読には、英語を使うための「英語回路」をつくることができるという「特典」までついてきます。

⑴ 脳力が鍛えられる
⑵「英語回路」ができる

「英語回路」については後で詳しく説明しますが、英文音読にはまさに「脳」と「英語」に対して、一石二鳥の効果があるのです。

英文音読は脳の活性化に効果があるだけではなく、英語教育の専門家から見ても、英語習得の一番の方法でもあります。

「英語回路」について「特典」という言い方をしてしまいましたが、英語の側から見ると、英文の音読には脳を鍛えるという「特典」もつくのか、となるわけです。望外の一石二鳥ですね。

本書のトレーニングを実践して、「脳」と「英語」についての効果を実感してください。

また、「トレーニングの記録」を忘れずにつけてください。記録をつけなくても、脳が鍛えられ、「英語回路」ができていく感覚は体感できると思いますが、はっきり効果を実感するには、やはり、客観視できる記録をつけるのが一番です。自分の進歩の足跡を眺めることが、トレーニングを続けるモチベーションになりますし、ときどきムクムクとわき起こってくる「今日くらいはサボってもいいかな」という怠け心を退ける特効薬にもなるからです。1日5分でもいいですから、毎日続けることが、効果的な脳トレーニングの秘訣(ひけつ)です。

脳にも筋トレがぜったい必要です

脳の鍛え方はスポーツと同じです。

野球でも、テニスでも、サッカーでも、水泳でも、秘密の「必勝法」を授かったとしても、その必勝の技術を実践するだけの動きができなければ意味がありません。いくら頭の中で華麗なフリーキックを決めたとしても、実際そのとおりにサッカーボールをけることができなければ、何にもならないのです。

イメージどおりに体を動かすために不可欠なのが、体力づくり、筋力づくりです。優れた技も、基礎体力がなければ成り立ちません。私は学生時代、ラクビー部に所属していたバリバリの体育会系でしたが、息切れしていては、いいステップは踏めないし、相手にタックルする気力も半減してしまうものです。

脳についても、同じことがいえます。「創造力」「コミュニケーション力」「高い記憶力」などの応用能力を十分に発揮するためには、体力・筋力トレーニングが必須です。それが、本書のような脳を鍛えるトレーニングなのです。

基礎となる土台が大きく、堅固であればあるほど、より高次な知性を、より高いレベルまで積み上げていくことができるのです。

基本がしっかりできているから、応用ができる。

このことは、スポーツでも、仕事でも、語学でも、脳についてでも、どの世界にも共通のことでしょう。

なぜ英語の速音読が脳に効くのか？

「英文の音読で、もっと脳を鍛えることができる」と書きました。簡単に説明すると、下記のようになります。

1 母国語を音読すると、脳が活性化する
2 音読のスピードを速くすればするほど、脳が活性化する
3 母国語とは違った文法体系の文章を音読すると、さらに脳が活性化する
4 つまり、英語を速く音読すると、さらに脳が活性化する

ということがわかっているのです。抽象的で納得しづらいと思いますので、ちょっとかみ砕いてみましょう。

1・2 ➡ 脳の中の状態を調べるために、機能的MRIや光トポグラフィーなど、脳機能イメージング装置を組み合わせて、さまざまな実験をしました。すると、難しい問題をじっくり解いたり、考えごとをしたりし

ているときよりも、文章を音読しているときに、脳がおおいに活性化することがわかりました。

また、音読のスピードが速ければ速いほど活発に働くこともわかりました。

3・4 ➡ 日本人が英語を音読すると、日本語を音読するよりも、より脳が活性化します。それは、英語が日本語とは違う文法体系にあるからではないか、ということが推測されます。以下がその理由です。

日本人の英語学習者が英語を読むと、日本語を読んだときよりも、左の前頭前野のブローカ野がより活性化します。ブローカ野とは、脳の中で文章をつくったり、言葉を発したりするときに働く、言葉に深くかかわりのある脳の部位です。

次に、韓国人で英語を第一外国語、日本語を第二外国語として学習している人たちに協力してもらって実験したところ、英語を読んだときには、日本人の英語学習者が英語を読んだときと同じように、より脳が活性化しました。ところが、日本語を読んだ場合には、活性の度合いが韓国語を読んだ場合とあまり変わらなかったのです。

どうしてさほど活性化しなかったのでしょうか。私たちは日本語と韓国語の文法がとても似ていることに注目しました。極端にいえば、日本語と韓国語では受動態があるかないかの違いぐらいしかありませんので、単語さえ理解してしまえば、お互いに非常に学びやすい言語だといえます。第二外国語とはいえ、日本語を学習している被験者でしたから、このような結果が出たのかもしれません。反対に英語の文法体系は、日本語や韓国語とはまったく違います。

このことから、私たちは、左の前頭前野のブローカ野は、そのような文法の理解と関係があるのではないか、という推測をしました。

そこで、実際に日本人の被験者を対象に、日本語文法の正誤を聴き分けさせる実験をしたところ、左のブローカ野がおおいに活性化したのです。現在使っている日本語とはまったく文法が異なる古文を読んでいるときにも同じ結果が得られました。

結論として、外国語に限らず、素直に理解できない言語を扱うときには、左のブローカ野の機能をおおいに使っていることがわかってきたのです。

つまり、私たちが普段使っている言葉とは違う文法の文章を音読すると、もっと脳を活性化させられるということです。

「英語回路」とは？

「英語回路」とは、日本人の英語学習者が後天的に獲得する、英語を使うときに働く脳の機能を指しています。

生まれてからすぐ海外に住み、家庭では日本語、外では英語というように、二つの言語を自然と使ってきた、いわゆるバイリンガルの人たちは、日本語も英語も同じようにペラペラと話すことができます。こういう人たちは、日本語も英語もほぼ同じ脳の場所を使っています。ところが、同じように英語がペラペラでも、中学生や高校生になってから一生懸命勉強した人たちは、日本語と英語とで、脳の少し違う場所を使っているのです。

その少し違う場所にできるのが「英語回路」なのです。

一度、脳の中に「英語回路」のネットワークさえつくってしまえば、英語学習は効果的に進みます。

どうやって「英語回路」をつくるのか？

「英語回路」をつくるのには音読が最適だと考えられます。

語学習得の側から見た音読の有効性については鹿野先生にお任せするとして、下記では、脳科学の分野でわかってきていることをご紹介します。

1 「英語回路」には、先ほどの文法についての実験例で出てきた左のブローカ野も含まれています。「英語の音読」によって、英語の文法を扱う脳機能――つまり「英語回路」をダイレクトに活性化させているという推測ができます。「英語回路」の構築とは、英語の文法体系を脳のネットワークに組み込むことではないかとも考えられるのです。

2 音読は、テキストを読むことで「目」を、声に出すことで「口」を、自分が音読した声を聴くことで「耳」を使っています。脳の記憶のメカニズムからも、より多くの感覚を使ったほうが、記憶効率が良くなることがわかっています。

3 音読は脳のウォーミングアップになり、学習能力が高まります。前頭前野を全体的に活性化させる音読には、抜群の脳ウォーミングアップ効果があり、脳の学習能力、記憶力を高めるという、実証済みのデータがあります。

本書のトレーニングは、「英語回路」を育てるトレーニングです。また、その後に行う英語学習の効率を最大限に高める効果もあります。

より効果を高めるトレーニング方法は？

なるべく速く読むこと

脳を鍛えるには、なるべく速く英文を音読することが効果的です。速く読めば読むほど、脳はより活性化してくれるからです。

また、幸いなことに、英語学習の側から見ても、なるべく速い音読のほうが効果が高いといわれています。

覚えたら次に進む

ただ、一つ押さえておかなくてはならないことは、速く音読するために、何度も繰り返し読み、覚えることを通り越して暗記するまでになってしまったら、脳の活性化の効果は失われてしまうということです。ですから、脳と英語のトレーニングに最適なのは、覚えたら次に進む、ということだと思います。簡単なものでもよいから、自分が興味を持てる新しい素材を使うことが大切でしょう。

仕上げに「書き取り」にチャレンジしてみる

脳を効果的に鍛える観点からも、CD の音を聴いて書く「書き取り」は大変有効です。

言語には、「音声言語」と「書字言語」の2種類の言葉があり、それぞれ脳の違う場所と機能を使って処理されています。音読では、まず、目、耳、口を使って、「書字言語」→「音声言語」というプロセスをフルにトレーニングします。次に、耳(聴覚)と手(触覚)を使って、「音声言語」→「書字言語」のプロセスをトレーニングします。両者をこなすことによって、言語に関するプロセスをすべて活用した、総合学習が完成するのです。

　脳は何歳からでも鍛えることができます。
　本書のトレーニングは、脳を鍛えるためにも英語習得のためにも大変効果的なものですから、自信を持って続けてください。必ず成果を実感できるはずです。

※上記は『川島隆太教授のいちばん脳を鍛える「英語速音読」ドリル』（小社刊）掲載の文章を改訂したものです。

偉人伝

「英語回路」育成計画

- 「英語回路」育成トレーニング
- 「英語回路」育成計画表
- 偉人伝　No.1 ～ 6

「英語回路」育成トレーニング

基本編 〈リスニング力を強化する〉

以下の手順で、トレーニングを行いましょう。速音読による英語回路の育成が、リスニング力の向上につながることが実感できるはずです。

Step 1 — CD【Fast】を聴く

Step 2 — 日本語訳の音読

Step 3 — CD【Slow】を聴き、英文の音読
➡ 3回繰り返す

Step 4 — 英文の速音読 1·2·3［時間を記録］

Step 5 — CD【Fast】を聴く［成果の確認］

トレーニング時間の目安は、1ラウンド、10分程度です。秒数が測れる時計（できればストップウォッチ）を用意してください。

Step 1 — CD【Fast】を聴く

Fast（170～180語／分）のCDを聴き、どの程度内容を理解できるか確認しましょう。理解度を1～5段階評価して、各ラウンドの記録表に記入します。

●評価の目安

1：まったくわからない
2：ところどころわかる
3：半分くらいわかる
4：ほぼわかる
5：完全にわかる

Step 2 — 日本語訳の音読

日本語訳を、内容を理解しながら、音読しましょう。英語を英語のまま理解できるように、英文の語順に合わせた訳をつけています。

Step 3 ―CD【Slow】を聴き、英文の音読
➡ 3回繰り返す

Slow (120～130語／分) の CD をかけ、英文を目で追って、単語の発音を確認しましょう。その後で、英文を音読します。ここでは、Slow の音声スピードと同じくらいの速さとリズムを意識して音読してください。この作業 (CD を聴き、音読する) を3回繰り返します。

※この際の音読のコツは、150ページ「速読力を養う音読・速音読のコツ」を参照してください。

Step 4 ― 英文の速音読 1・2・3 [時間を記録]

秒数を測りながら、英文を速音読します。3回繰り返して、それぞれの時間を1～3回目の欄に記入します。1回目より、2回目。2回目より、3回目と、最高記録更新を目指して、音読スピードを上げていきましょう。

Step 5 —CD【Fast】を聴く［成果の確認］

Fast（170～180語／分）のCDを聴き、どの程度内容を理解できるか確認しましょう。再度、理解度を1～5段階評価して、記録表に記入します。英語がゆっくり、はっきり聞こえるはずです。

●記録の記入例

目標タイム
17.7 秒

Fastを聴く（1回目）	速音読 1	速音読 2	速音読 3	Fastを聴く（成果の確認）
1・2・③・4・5	26.1 秒	22.7 秒	20.1 秒	1・2・3・4・⑤

聴く・読む・話す・書く！
「英語回路」育成には、
五感をフルに使うことが一番!!

応用編〈読む、話す、書く力を強化する〉

基本編のトレーニング（Step 1 ～ 5）で、リスニング力を強化することができます。この Step 1 ～ 5のトレーニングの後に、Step 6として、以下のトレーニングを加えることで、リーディング力・スピーキング力・ライティング力を高めることができます。

Step 6-A ― 英文の黙読〈リーディング力アップ〉

英文を声に出さずに、なるべく速く黙読します。

目を、英文の途中で止めたり、戻ったりさせずに、左から右に流れるよう動かしながら、英文の内容を理解しましょう。速音読による、リーディング力アップを実感できるはずです。

Step 6-B ― シャドウイング〈スピーキング力アップ〉

シャドウイングとは、テキストを見ずに、聞こえてきた英語をわずかに遅れながら話していくトレーニングです。影（shadow）のようについていくことから、シャドウイングと呼ばれています。

Slow（120～130語／分）のCDをかけ、シャドウイングに挑戦してみましょう。意味を理解しながら、CDに遅れずに話すことが目標です。この方法で、スピーキング力を高めることができます。

Step 6-C ― 英文の速写〈ライティング力アップ〉

テキストを見て、英文を意味の区切りまで音読し、次に、今後はテキストを見ずに英文を声に出しながらノートに書きます。意味の区切りとは、カンマ（,）、ピリオド（.）が基本ですが、自分で意味が理解できる範囲でさらに短く区切っても構いません。

ライティングの基本は、Write as you speak.（話すように書く）です。声に出すことで、身についた英語のリズムを助けとすることができ、それに加えて書くことで、語彙・文法が定着していきます。

「英語回路」育成計画表

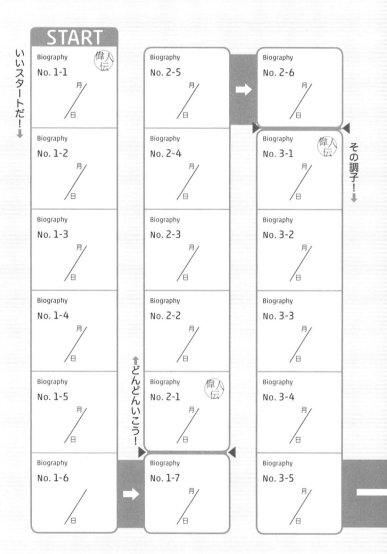

START

いいスタートだ！

Biography No. 1-1 偉人伝 月／日	Biography No. 2-5 月／日	Biography No. 2-6 月／日
Biography No. 1-2 月／日	Biography No. 2-4 月／日	Biography No. 3-1 偉人伝 月／日
Biography No. 1-3 月／日	Biography No. 2-3 月／日	Biography No. 3-2 月／日
Biography No. 1-4 月／日	Biography No. 2-2 月／日	Biography No. 3-3 月／日
Biography No. 1-5 月／日	Biography No. 2-1 偉人伝 月／日	Biography No. 3-4 月／日
Biography No. 1-6 月／日	Biography No. 1-7 月／日	Biography No. 3-5 月／日

どんどんいこう！

その調子！

10 minutes a day
developing your
English circuits

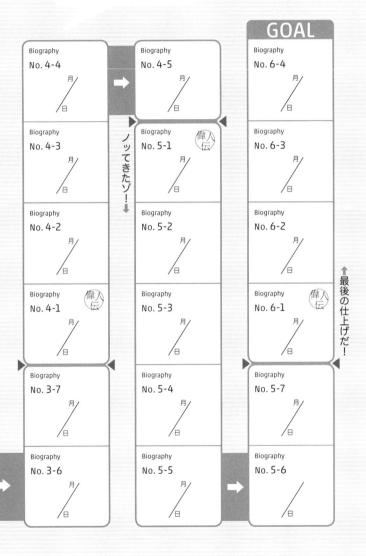

Biography
No. 3-6
月 / 日

Biography
No. 3-7
月 / 日

Biography
No. 4-1
偉人伝
月 / 日

Biography
No. 4-2
月 / 日

Biography
No. 4-3
月 / 日

Biography
No. 4-4
月 / 日

Biography
No. 4-5
月 / 日

ノッてきたゾ！

Biography
No. 5-1
偉人伝
月 / 日

Biography
No. 5-2
月 / 日

Biography
No. 5-3
月 / 日

Biography
No. 5-4
月 / 日

Biography
No. 5-5
月 / 日

Biography
No. 5-6
/ 日

Biography
No. 5-7
月 / 日

Biography
No. 6-1
偉人伝
月 / 日

最後の仕上げだ！

Biography
No. 6-2
月 / 日

Biography
No. 6-3
月 / 日

Biography
No. 6-4
月 / 日

GOAL

偉人伝

SAKAMOTO RYŌMA

偉人伝 No.1

坂本龍馬

土佐一国では飽き足らず、江戸に出た龍馬が見たのは圧倒的な西洋の技術力、そして開かれた貿易の様子だった。海に囲まれた日本であれば、強い海軍を持ち、諸外国と対等な関係を結ぶことが、日本の進むべき道と決めた龍馬は、激動の幕末を強い信念を持って駆け抜ける。新政府への期待、新しい時代への夢を膨らませる龍馬だったが、11月15日、近江屋の2階で不意を襲われ帰らぬ人に。奇しくもその日は龍馬の33歳の誕生日であった。

No. 1-1

Fast Track 1
Track 2 Slow

Ryōma said to Shintarō, "It was a strange experience. The black ships looked like monsters. I could smell the smoke coming from their chimneys. We all thought that Japan could say no to their threat. We even thought we could win if a war broke out. Now I know how dangerous that idea was. We didn't know anything in those days."

"You said once that if we learned about Western technology, we could fight against the Western powers to keep Japan as it is," said Shintarō.

86 words

和 訳

龍馬は慎太郎に言った。「不思議な体験だった。黒船はまるで怪物だった。煙突からの煙が、鼻をついた。我々は皆、日本は外国の脅しには乗らないと考えていた。戦争になっても、勝てるとさえ考えていた。今では、それがどんなに危うい考えだったか分かる。あのころ、我々はまったく無知だった」
「いつか君は言っただろう、西洋の技術を学べば、西欧列強と戦って、日本を変えることなく守れると」慎太郎は言った。

語句解説

- □ **experience** 経験
- □ **look like** ～のように見える
- □ **smell** ～の臭いがする
- □ **chimney** 煙突
- □ **threat** 脅威
- □ **broke out**
  break out（勃発する）の過去形
- □ **in those days** 当時は
- □ **technology** 技術
- □ **Western powers** 西欧列強国
- □ **keep ～ as it is**
  ～をそのままの状態で保つ

目標タイム 25.8 秒	Fastを聴く（1回目）	速音読 1	速音読 2	速音読 3	Fastを聴く（成果の確認）
	1・2・3・4・5	秒	秒	秒	1・2・3・4・5

No. 1-2

Fast Track 3
Track 4 Slow

"Well..." Ryōma sighed and yawned. "Shintarō, this is what I think. Instead of fighting with the *sonnō jōi* spirit, I want to visit the Western world and trade with them. Japan is an island nation. And on the ocean, we can reach anywhere in the world."

"That's your vision for the Kaientai, isn't it?" Shintarō said.

"We're both from Tosa. When I was just a boy, I swam in Urato Bay. I liked to row a boat across Urato Bay with my sister Otome to visit my uncle. Ever since that time, I've wanted to be on the ocean. The Kaientai will be a global trading force," said Ryōma.

112 words

和 訳

「ああ……」龍馬はため息をつき、あくびをした。「慎太郎、俺はこう思っている。尊王攘夷の精神で戦うかわりに、西洋世界を旅して貿易をしたい。日本は島国だ。そして、海を渡って、世界中どこにでも行ける」

「それは君が海援隊で目指していることだね？」慎太郎は言った。

「俺たちは、土佐育ちだ。俺が小さいころは、浦戸湾で泳いだ。叔父に会いに、姉の乙女と舟を漕いで浦戸湾を渡るのが好きだった。あのころからずっと、海に憧れていたんだ。海援隊は、世界を相手にする貿易結社になる」龍馬は言った。

語句解説

- □ sigh　ため息をつく
- □ yawn　あくびをする
- □ instead of　～の代わりに
- □ trade with　～と取引する
- □ island nation　島国
- □ vision　理想、先見
- □ row a boat　舟を漕ぐ
- □ ever since　～以来
- □ trading force　貿易結社

目標タイム 33.6 秒	Fastを聴く（1回目）	速音読 1	速音読 2	速音読 3	Fastを聴く（成果の確認）
	1・2・3・4・5	秒	秒	秒	1・2・3・4・5

No. 1-3

Fast Track 5
Track 6 Slow

The Kaientai was a shipping and trading organization that was also a private navy. When Ryōma founded it in 1865, he named it Kameyama-shachū. At first, it was supported financially by the domain of Satsuma. Later, when Tosa began to finance the organization in 1867, it was renamed the Kaientai.

Ryōma said, "I want to explain my thinking about the Kaientai to Saigō in more detail."

"But, he thinks that before Japan starts working with the foreign powers, the shogunate has to be destroyed completely. He's planning to start a war," said Shintarō.

93 words

和 訳

海援隊は輸送貿易組織であると同時に、私設海軍でもあった。龍馬が1865年にそれを設立した際、彼は亀山社中と名づけた。はじめは、薩摩藩から経済援助を受けていた。後の1867年に土佐藩が組織の援助を始めた際に、それは海援隊と改称された。

龍馬は言った。「海援隊の構想を西郷にもっと詳しく説明したい」

「しかし彼は、日本が外国勢力と手を組む前に、幕府が滅ぼされるべきだと考えている。戦争をはじめるつもりなのだろう」慎太郎は言った。

語句解説

- □ organization 機構
- □ private navy 私設海軍
- □ found ～を設立する
- □ at first 最初は
- □ financially 財政的に
- □ domain 領土、藩
- □ be renamed ～と改名される
- □ explain ～を説明する
- □ in more detail もっと詳しく
- □ start ~ing ～し始める
- □ shogunate 幕府
- □ completely 完全に
- □ plan to ～する計画を立てる

目標タイム 27.9 秒	Fastを聴く（1回目）	速音読 1	速音読 2	速音読 3	Fastを聴く（成果の確認）
	1・2・3・4・5	秒	秒	秒	1・2・3・4・5

No. 1-4

Fast Track 7
Track 8 Slow

"I don't think that's a good idea," Ryōma said. "If Japan gets into a civil war, the Western nations will take advantage of our weakness and make us a colony. Right now, the English are approaching Satsuma and Chōshū, but the French are encouraging the shogunate to fight back."

Shintarō asked, "Thomas Glover is English, isn't he?"

"Well, he said he's from Scotland. But it's part of Britain," Ryōma replied.

The Kaientai had a strong relationship with Thomas Glover, and Ryōma often visited his house in Nagasaki to purchase ships and weapons.

92 words

和 訳

「それがよい考えとは、思わない」龍馬は言った。「日本が内戦に突入したら、西洋諸国は弱みに便乗して、我々を植民地にするだろう。今まさに、イギリスが薩摩藩と長州藩に接近し、一方でフランスが幕府に反撃をけしかけている」

慎太郎がたずねた。「トーマス・グラバーは、イギリス人だろう？」

「たしか、スコットランド出身だと言っていた。ブリテンの一部ではあるが」龍馬は答えた。

海援隊はトーマス・グラバーと深いつながりがあり、龍馬は長崎にあるグラバーの家を頻繁に訪ねては船や武器を買っていた。

語句解説

- □ get into　～に入り込む
- □ civil war　内戦
- □ take advantage of　～を利用する
- □ colony　植民地
- □ approach　～に近づく
- □ encourage ~ to…　～が…するように励ます
- □ fight back　抵抗する
- □ relationship　関係
- □ purchase　～を購入する
- □ weapon　武器

目標タイム 27.6 秒	Fastを聴く (1回目)	速音読 1	速音読 2	速音読 3	Fastを聴く (成果の確認)
	1・2・3・4・5	秒	秒	秒	1・2・3・4・5

No. 1-5

Fast Track 9
Track 10 Slow

"If a war starts and then continues for a long time, foreigners like Glover will make a lot of money. Japan will be divided into two countries. One will be supported by England, and the shogun's country will be supported by the French."

"That wouldn't be good," Shintarō said.

"No, it would be terrible. But somehow I like Mr. Glover," Ryōma said.

"Why?" Shintarō asked.

"Look at him. He came from England, crossing thousands of miles of ocean and established his business here. I like his merchant spirit," answered Ryōma.

90 words

和 訳

「もし戦争がはじまって長引いたら、グラバーみたいな外国人が大金を稼ぐようになる。日本は2分されるだろう。イギリスに支援された国と、フランスに支援された幕府の国とに」

「それはまずい」慎太郎は言った。

「ああ、悲惨だ。だが、どういうわけかグラバーのことは好きだ」龍馬は言った。

「どうして？」慎太郎は聞いた。

「彼を見てごらんよ。イギリスから何千マイルも海を渡ってやってきて、この地で商売を立ちあげた。彼の商売人魂が好きだ」龍馬は答えた。

語句解説

- □ continue　続く
- □ for a long time　長い間
- □ foreigner　外国人
- □ make a lot of money　大金を稼ぐ
- □ be divided into　～に分割される
- □ would　(ひょっとすると)～かもしれない
- □ No　否定文(woudn't be)への応答で、「ああ」
- □ terrible　悲惨な
- □ somehow　どういうわけか
- □ thousands of　何千もの～
- □ establish business　事業を立ち上げる
- □ merchant　商人

目標タイム 27.0 秒	Fastを聴く(1回目)	速音読 1	速音読 2	速音読 3	Fastを聴く(成果の確認)
	1・2・3・4・5	秒	秒	秒	1・2・3・4・5

No. 1-6

Fast Track 11
Track 12 Slow

Ryōma's words made Shintarō think that maybe Ryōma wanted to be like Glover. Shintarō imagined Ryōma doing business in London even if he knew nothing at all about England.

"You know, now we're working for Tosa, and Tosa is our home. But I'm just one man. I come from a family of low-ranking samurai. On top of that, I have no formal status as a samurai in Tosa. I'm no better than a drifter. An individual can't fight against the system and the authorities. Tosa only contacts me when they need me, just like they are now. But they'll use us and throw us away sooner or later. I would rather free myself of this situation. The trading business is much better," Ryōma explained.

124 words

和 訳

龍馬の言葉を聞いて、龍馬はグラバーのようになりたいのかもしれないと慎太郎は思った。慎太郎は、龍馬がロンドンで商売をしている姿を想像してみた。イギリスのことはまるで知らなかったが。

「いいかい、今我々は土佐藩のために働いているし、土佐はふるさとでもある。しかし、俺はひとりの人間にすぎない。身分の低い侍の家の出だ。それに、土佐の侍としての公的な地位もない。流れ者も同然だ。ひとりでは体制や権力と戦えない。土佐が連絡してくるのは、俺が必要なときだけだ。ちょうど今の彼らのように。しかし、彼らは我々を利用し終えたら、遅かれ早かれ切り捨てるだろう。この状況から抜け出す方がいい。貿易で商売する方がずっといい」龍馬は説明した。

語句解説

- □ make+人+動詞　(人)に～させる
- □ imagine　～を想像する
- □ even if　たとえ～であろうとも
- □ nothing at all　全くない
- □ on top of that　その上
- □ formal status　公的な身分
- □ no better than　～も同然だ、～にすぎない
- □ drifter　漂流者、放浪者
- □ individual　個人
- □ authority　権力
- □ throw away　～を放り投げる
- □ sooner or later　遅かれ早かれ
- □ would rather + 動詞　～する方が良い

目標タイム 37.2 秒	Fastを聴く(1回目)	速音読 1	速音読 2	速音読 3	Fastを聴く(成果の確認)
	1・2・3・4・5	秒	秒	秒	1・2・3・4・5

No. 1-7

Fast Track 13
Track 14 Slow

One year ago, the Satsuma had needed Ryōma because they wanted him to negotiate as they tried to improve their relationship with Chōshū. Now Tosa needed him because they wanted to be important in the new era. Tosa needed to survive this dangerous period, and they wanted to become even stronger than Satsuma and Chōshū so that they would have more power in the future.

"So, you mean we're just convenient tools?" Shintarō asked.

"Convenient tools. That's a good expression. Whenever they need us to fix things, we'll do it." Ryōma laughed.

92 words

和訳

1年前は、薩摩藩が龍馬を必要とした。彼らは、長州藩との関係改善のため、龍馬に交渉してもらいたかったからだ。今度は、土佐藩が龍馬を必要とした。彼らは、新しい時代において影響力を持ちたかったからだ。土佐藩は、この波乱の時代を切り抜ける必要があった。そして、薩摩藩や長州藩さえよりも強くなりたかった。将来いっそうの勢力を持てるように。

「つまり、僕らは便利な道具にすぎないというのか？」慎太郎はたずねた。

「便利な道具か。うまい表現だ。彼らが我々に何とかして欲しいときはいつでも、そうするさ」龍馬は笑った。

語句解説

- □ negotiate 交渉する
- □ improve ～を改善する
- □ era 時代
- □ survive ～を切り抜ける
- □ so that ～できるように
- □ in the future 将来は
- □ mean ～を意味する
- □ convenient 便利な
- □ expression 表現
- □ whenever ～するときはいつでも
- □ fix things 事態を改善する
- □ laugh 笑う

目標タイム	Fastを聴く (1回目)	速音読 1	速音読 2	速音読 3	Fastを聴く (成果の確認)
27.6 秒	1・2・3・4・5	秒	秒	秒	1・2・3・4・5

自己最速を更新しよう！

Break Your Own Records!

1セクションごとの最高タイムから、音読のスピードを計算して、グラフに記入しよう。

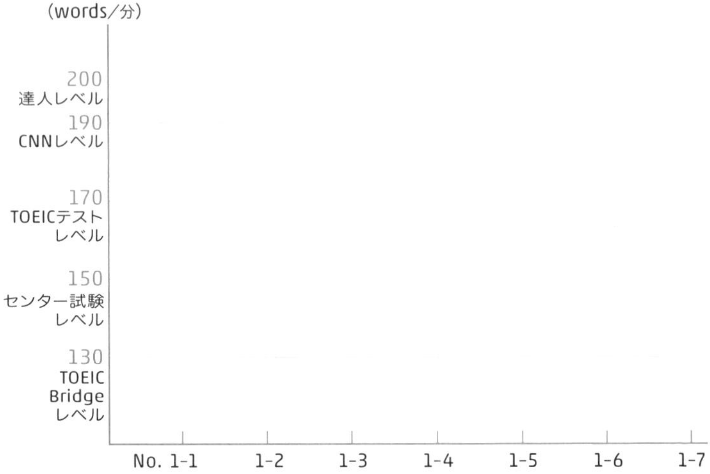

下記の　　秒に、テキストごとの最高タイムを記入して計算すると、1分あたりのスピードがわかります。

No. 1-1	5160	÷		秒	＝	words／分
1-2	6720	÷		秒	＝	words／分
1-3	5580	÷		秒	＝	words／分
1-4	5520	÷		秒	＝	words／分
1-5	5400	÷		秒	＝	words／分
1-6	7440	÷		秒	＝	words／分
1-7	5520	÷		秒	＝	words／分

Biography No. 2

Mohandas Karamchand GANDHI

偉人伝 No.2

ガンジー

インド独立の父は、強い兵士でもなければ、王侯貴族、聖職者でもない。著名な医者でも科学者でもない。常に貧しいものたちと暮らし、非暴力の信条を貫き通した人——それがマハトマ（偉大なる魂）、または親しみを込めてバープー（父親）と呼ばれたガンジーその人である。イギリスによるインド支配に抵抗し、ヒンドゥー教徒とイスラム教徒の融合を目指したガンジー。何度も投獄され、そして断食をしながら闘い続け、ついにインド独立の夢を果たした。そのガンジーの生誕の日、10月2日は国際非暴力デーとされている。

No. 2-1

Fast Track 15
Track 16 Slow

Gandhi decided to use salt. There was a high tax on it, and no one in India could make it or sell it. For Gandhi, this salt tax was a symbol of the problems the British were making for India.

Indians could not make their own salt, so they had to buy it, and it was very expensive. The British got a lot of money from salt, so the tax was very important to them.

It may seem strange to choose salt, but it was something that everyone needed to live. Both rich and poor, Muslim and Hindu needed salt, so it was something that could bring all Indians together against the British.

113 words

和 訳

ガンジーは、塩を利用することにした。それには重税がかけられ、インド人の誰ひとりとして塩を作ることも、売ることもできなかった。ガンジーにとって、この塩税は、イギリスがインドに強いている問題の象徴だった。

インド人は自分たちの塩を作ることができず、買わなければならかった。そして、それは非常に高価だった。イギリスは塩から多くの収入を得ており、税金はとても重要だった。

なぜ塩を選ぶのか不思議かもしれないが、それは誰もが生きるために必要なものだった。豊かでも貧しくても、イスラム教徒でもヒンドゥー教徒でも、塩を必要とした。だからこそ、それはイギリスに立ち向かうためにインド中の人々を団結させることができるものだった。

語句解説

- □ **no one**　誰も～ない
- □ **symbol**　象徴
- □ **problem**　問題
- □ **British**　英国人
- □ **make**　～を引き起こす
- □ **Indian**　インド人
- □ **expensive**　高価な
- □ **important**　重要な
- □ **seem**　～に思われる
- □ **Muslim**　イスラム教徒
- □ **Hindu**　ヒンドゥー教徒
- □ **bring ~ together**　～を団結させる

目標タイム 33.9 秒	Fastを聴く（1回目）	速音読 1	速音読 2	速音読 3	Fastを聴く（成果の確認）
	1・2・3・4・5	秒	秒	秒	1・2・3・4・5

No. 2-2

Fast Track 17
Track 18 Slow

Gandhi decided to walk about 380 km from his ashram in Sabarmati to a place called Dandi. His plan was to make salt in Dandi as a protest.

On March 12, 1930, Gandhi and 78 other men began their long, 23-day walk. They walked slowly, and more and more people became interested in the protest.

In every town, more and more people joined Gandhi. Soon, there were thousands of people, and the salt march became big news around the world.

On April 5, Gandhi arrived at Dandi and the sea. Gandhi picked up some salt and began to boil it.

100 words

和訳

ガンジーは380キロメートルを歩くことに決めた。アシュラムのあるサバルマティからダンディーと呼ばれる地まで。彼の計画は、抗議行動としてダンディーで塩を作ることだった。

1930年の3月12日、ガンジーと78人の人々は、23日間の長い道のりを歩きはじめた。彼らが、ゆっくりと歩みを進めるにつれ、ますます多くの人々が抗議行動に関心を持ち始めた。

町のいたるところで、さらに多くの人々がガンジーに合流した。すぐに、数千の人々が集まり、塩の行進は世界中で大きなニュースになった。

4月5日、ガンジーはダンディーの海に到着した。ガンジーは、塩をすくい、煮つめはじめた。

語句解説

- □ **ashram**　（ヒンドゥー教の）修行道場
- □ **protest**　抗議行動
- □ **more and more**　ますます多くの
- □ **become interested in**　～に興味を持つ
- □ **march**　行進
- □ **thousands of**　何千もの～
- □ **around the world**　世界中で
- □ **arrive at**　～に到着する
- □ **pick up**　～を手に取る
- □ **begin to + 動詞**　～しはじめる
- □ **boil**　～を沸騰させる

目標タイム 30.0 秒	Fastを聴く（1回目）	速音読 1	速音読 2	速音読 3	Fastを聴く（成果の確認）
	1・2・3・4・5	秒	秒	秒	1・2・3・4・5

No. 2-3

Fast Track 19 / Track 20 Slow

It was a simple action, but it was one of the greatest moments in the history of India. Millions of people began to follow Gandhi's idea and make their own salt. Not only that, but they also began to go on strike and protest.

A short time later, Gandhi said that he was going to the Dharasana Saltworks to protest again.

The British put Gandhi in jail, but they could not stop the protest. A woman named Saronjini Naidu became the leader, and she and 2,500 people went to Dharasana. There were 400 police there waiting for them.

98 words

和訳

それは、シンプルな行動だった。しかしそれは、インドの歴史において偉大な瞬間だった。何百万人もの人々が、ガンジーの考えにならって、自分たちで塩を作りはじめた。さらには、ストライキや抗議行動も起こしはじめた。

ほどなくして、ガンジーは、ダラサナの製塩所まで行って抗議すると宣言した。

イギリスはガンジーを投獄したが、抗議行動を止めることはできなかった。サロージニー・ナーイドゥという女性がリーダーとなり、彼女と2,500人がダラサナに向かった。そこには、400人の警察官が待ち受けていた。

語句解説

- □ **action** 行動
- □ **moment** 瞬間、時
- □ **millions of** 何百万もの〜
- □ **follow** 〜に従う
- □ **not only ~ but also…** 〜だけでなく…もまた
- □ **go on** 〜を続ける
- □ **a short time later** しばらくして
- □ **put ~ in jail** 〜を監獄に入れる

目標タイム	Fastを聴く（1回目）	速音読 1	速音読 2	速音読 3	Fastを聴く（成果の確認）
29.4 秒	1・2・3・4・5	秒	秒	秒	1・2・3・4・5

No. 2-4

Fast Track 21 / Track 22 Slow

The marchers went up to the police in groups of 25. The police hit them with clubs, often on the head and shoulders. But the people did not try to stop them. They did not even raise their hands when they were hit.

The first 25 people were hit and fell to the ground. Then, the next 25 walked up to the police and were hit. Soon, most of the 2,500 people had been hurt by the police.

This terrible event shocked the world.

84 words

和訳

行進者たちは、25人ずつ1組になって警察官の前に出た。警察官は、彼らを棍棒で殴り、頭や肩を何度も狙った。しかし、行進する人々はやめさせようとはしなかった。殴られても、両手を上げて防ごうとすらしなかった。

最初の25人が殴られて地面に倒れた。続いて、次の25人が進み出て殴られた。すぐに、2,500人のほとんどが警官によってケガをさせられた。

この残酷な出来事は世界中に衝撃を与えた。

語句解説

- □ **marcher** 行進者、デモ参加者
- □ **went up** go up(進み出る)の過去形
- □ **in groups of** ~の集団で
- □ **club** 棍棒
- □ **try to + 動詞** ~しようとする
- □ **raise** ~を上げる
- □ **fell** fall(倒れる)の過去形
- □ **most of** ほとんどの~
- □ **be hurt** ケガをさせられた
- □ **terrible** 恐ろしい、ひどい
- □ **shock** ~に衝撃を与える

目標タイム 25.2 秒	Fastを聴く(1回目)	速音読 1	速音読 2	速音読 3	Fastを聴く(成果の確認)
	1・2・3・4・5	秒	秒	秒	1・2・3・4・5

No. 2-5

Fast Track 23
Track 24 Slow

Soon, millions of Indians were protesting with Gandhi, and it lasted for almost a year. It was also the first time that women joined the protests.

People stopped buying British goods and paying taxes. The British did not know what to do. Some wanted to put Gandhi in jail again, but others were afraid of what might happen if they did.

When the people protested, sometimes the British shot at them with guns or beat them with clubs. But the people followed Satyagraha and did nothing to fight back.

89 words

和 訳

たちまち、何百万ものインド人がガンジーとともに抗議を行い、それは一年近く続いた。それは、はじめて女性が参加した抗議行動でもあった。

人々はイギリス製品の購入も、税金を払うのもやめた。イギリスは、どうしたらいいのか分からなかった。ガンジーを再度投獄しようと言うものもいれば、そんなことをすれば何が起こるか心配だと言うものもいた。

人々が抗議するときに、ときおりイギリス人が彼らを銃で撃ったり、棍棒で殴ったりした。しかし、人々はサチャグラハの精神に従い、抵抗を何もしなかった。

語句解説

- □ **protest** 抗議する
- □ **last** 続く
- □ **join** ～に参加する
- □ **goods** 商品
- □ **pay tax** 納税する
- □ **what to do** 何をすべきか
- □ **some ~, others…** ～する人もいれば、…する人もいる
- □ **be afraid of** ～を恐れる
- □ **what might happen** (もしそうすれば) 何が起こるのか
- □ **shot at** shot at (～に発砲する) の過去形
- □ **beat** ～を打つ、叩く
- □ **did nothing to** + 動詞 ～することを何もしなかった
- □ **Satyagraha** 無抵抗不服従運動
- □ **fight back** 抵抗する

目標タイム	Fastを聴く (1回目)	速音読 1	速音読 2	速音読 3	Fastを聴く (成果の確認)
26.7 秒	1・2・3・4・5	秒	秒	秒	1・2・3・4・5

No. 2-6

Fast Track 25
Track 26 Slow

The British tried many things to stop the Indians. About 60,000 Indians were put in jail during these protests, but nothing could stop Gandhi and the Indian people.

The salt marches did not change the laws. But they did change the way that many British people thought.

When the British saw how strong Gandhi and the other Indians were, and how much they wanted to be free, many decided that it was time to give India independence.

77 words

和 訳

イギリスは、インド人の抗議を止めようとさまざまな手を尽くした。およそ6万人もの抗議者が、これらの抗議行動の間に投獄されたが、どうしてもガンジーとインドの人々を止めることはできなかった。

塩の行進が、法律を変えることはなかった。しかし、それは多くのイギリス人の考え方を変えた。

イギリスが、ガンジーや他のインド人がいかに強いかを知り、どれほど自由を求めているかを知ったとき、多くの人はインドを独立させる時がきたと考えた。

語句解説

- □ **about** 約
- □ **law** 法律
- □ **way** やり方
- □ **saw** see（～を見る）の過去形
- □ **it is time to** + 動詞 ～する時が来た
- □ **independence** 独立

目標タイム 23.1 秒	Fastを聴く（1回目）	速音読 1	速音読 2	速音読 3	Fastを聴く（成果の確認）
	1・2・3・4・5	秒	秒	秒	1・2・3・4・5

自己最速を更新しよう！

Break Your Own Records!

1セクションごとの最高タイムから、音読のスピードを計算して、グラフに記入しよう。

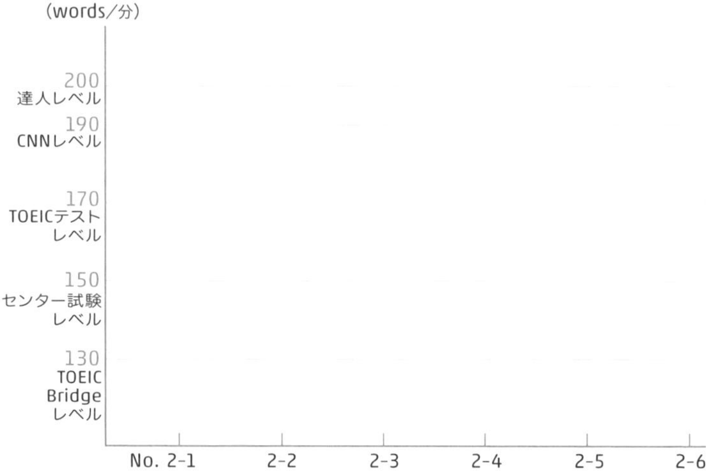

下記の　秒に、テキストごとの最高タイムを記入して計算すると、1分あたりのスピードがわかります。

No. 2-1	6780	÷		秒	＝	words／分
2-2	6000	÷		秒	＝	words／分
2-3	5880	÷		秒	＝	words／分
2-4	5040	÷		秒	＝	words／分
2-5	5340	÷		秒	＝	words／分
2-6	4320	÷		秒	＝	words／分

「速音読」体験談 1

速音読5カ月で105点アップ、次の目標は、話せる自分。

小林 秀一 さん

英語学習を開始した理由は、仕事で英語を使わなければならない場面が増えてきたことと、「英語トレーニング」という言葉に惹かれたからです。速音読などの音読を中心としたトレーニングを、初めは恥ずかしく感じていましたが、繰り返すうちにだんだんと慣れてきました。

トレーニングをして、いつもながらに驚くことは、自分で発音できるようになった英語は、絶対に聞き取れるということです。トレーニングを始めて5カ月たったとき、TOEIC テストを受験しました。リスニング問題で、会話の状況を日本語に訳さずにイメージできることが増え、数年前に受験したTOEIC IP テストのスコア605点から、見事105点アップの710点を取ることができました。

1日1時間を目標に英語に触れるようにしていますが、その中で音読トレーニングはかかさず行っています。また、帰りの電車の中では、洋画（Forrest Gump）をスマートフォンで繰返し見て、セリフを覚えるトレーニングをしています。その日に英語に触れた時間を記録していくことが、継続の励みとなっています。英語の勉強と考えず、大好きな海外ドラマを見る時間もカウントしています。

最近では、海外ドラマのセリフがところどころ聞き取れたり、簡単な洋書（ネイティブの児童書）が読めるようになったりと、TOEICスコア以外でも、英語力の伸びを感じられて、英語トレーニングが楽しくなってきました。

今後は、話せるようになることを目標にして、トレーニングを続けていきたいと思っています。

速音読していただいた英文

Gandhi decided to use salt. There was a high tax on it, and no one in India could make it or sell it. For Gandhi, this salt tax was a symbol of the problems the British were making for India. Indians could not make their own salt, so they had to buy it, and it was very expensive. The British got a lot of money from salt, so the tax was very important to them. It may seem strange to choose salt, but it was something that everyone needed to live. Both rich and poor, Muslim and Hindu needed salt, so it was something that could bring all Indians together against the British.

速音読タイム	1回目 38秒	2回目 36秒	3回目 35秒

ALBERT EINSTEIN

偉人伝 No.3

アインシュタイン

2歳になっても言葉を発さず、10歳になるまでしゃべるのが不得意だったというアルベルト・アインシュタイン。他の子供たちと遊ぶより、独りで考えたり、空想したりすることを好む少年は、父からもらったコンパスの針が、いつでも北を指すのを見たときに、自然界に興味を覚えたという。そのアインシュタインが20世紀以降すべての人の宇宙観をも変えてしまうほどの理論を見いだすとは誰が予想できただろうか。

No. 3-1

Fast Track 27
Track 28 Slow

In the late 1930s, Einstein saw the Nazis becoming stronger and more dangerous. He saw the terrible things they were doing to Jews in Germany. The Nazis were taking the Jews' money and houses, and making them leave the country. Einstein helped as many Jews as he could to come to America.

The things he saw in Germany made Einstein change his mind about war. He now thought that Hitler and Germany were so dangerous that there was no choice but to attack them.

In 1939, a scientist from Hungary named Leo Szilard told Einstein that the Germans were working to make an atom bomb.

105 words

和 訳

1930年代後半、アインシュタインはナチスがより強く危険になっていくのを目にした。彼は、ドイツに住むユダヤ人へのむごい仕打ちを目にした。ナチスはユダヤ人の金銭と住まいを奪い、彼らを国から追放していた。アインシュタインは、できるかぎり多くのユダヤ人がアメリカに来られるよう手助けをした。

ドイツで彼が目にしたものが、戦争に対するアインシュタインの考えを変えた。彼は、考えるようになった。ヒトラーとドイツは非常に危険で、もはや攻撃するほかないと。

1939年、ハンガリー出身の科学者レオ・シラードは、アインシュタインに言った。ドイツが原子爆弾を造ろうとしていると。

語句解説

- □ **Nazis** ナチス
- □ **become stronger** より強くなる
- □ **dangerous** 危険な
- □ **Jews** ユダヤ人、ユダヤ教徒
- □ **make+人+動詞** (人)に〜させる
- □ **leave** 〜を離れる、去る
- □ **as many 〜 as +(人)+ can** (人)ができるだけ多くの〜
- □ **help+(人)+(to)+動詞** (人)が〜する手助けをする
- □ **mind** 心、考え
- □ **so 〜 that** 非常に〜なので…だ
- □ **no choice but to + 動詞** 〜する以外に選択はない
- □ **scientist** 科学者
- □ **named** 〜という名前の
- □ **atom bomb** 原子爆弾

目標タイム	Fastを聴く (1回目)	速音読 1	速音読 2	速音読 3	Fastを聴く (成果の確認)
31.5 秒	1・2・3・4・5	秒	秒	秒	1・2・3・4・5

No. 3-2

Fast Track 29
Track 30 Slow

Einstein did not know much about the atom bomb, so Szilard explained it to him. He told Einstein about how powerful it was, and the great dangers of these weapons.

Einstein was very worried, and he believed that if Hitler had a weapon like that, it would be a terrible thing. He wrote a letter to the American president Franklin Delano Roosevelt. Einstein told him that America should make its own atom bomb and do everything it could to stop Hitler.

Einstein was the most famous scientist in the world, and when he talked, people listened. If he had never written that letter, no one knows if America would have made the atom bomb or not.

116 words

和 訳

アインシュタインは原子爆弾についてよく知らず、シラードがそれを彼に説明した。彼は、アインシュタインに述べた。それがいかに強力であるかということと、こうした兵器の大きな脅威についてを。

アインシュタインは、とても心配した。もしヒトラーがそうした兵器を手にしたら、とんでもないことになる。彼は、アメリカ大統領、フランクリン・デラノ・ルーズベルトに手紙を書いた。アインシュタインは、彼に、アメリカも独自の原子爆弾を造り、ヒトラーを止めるあらゆる手を打つべきだと告げた。

アインシュタインは、世界一有名な科学者だった。だから、彼が話せば、人々は耳を傾けた。もし、彼がその手紙を書かなかったら、アメリカが原子爆弾を造ったかどうか、誰も分からない。

語句解説

- □ **explain** ～を説明する
- □ **powerful** 強力な
- □ **danger** 危険
- □ **weapon** 兵器
- □ **be worried** 心配する
- □ **believe** ～を信じる
- □ **write a letter to** ～に手紙を書く
- □ **president** 大統領
- □ **should** ～すべきである
- □ **own** 独自の
- □ **famous** 有名な
- □ **no one knows if** ～かどうかは誰も知らない

目標タイム	Fastを聴く (1回目)	速音読 1	速音読 2	速音読 3	Fastを聴く (成果の確認)
34.8 秒	1・2・3・4・5	秒	秒	秒	1・2・3・4・5

No. 3-3

Fast Track 31
Track 32 Slow

America started the Manhattan Project and began making the world's first atom bomb.

The war years were a difficult time for Einstein. He still had many friends in Germany, and it was still a country that he loved. He did not like the Nazis, but it was terrible to see fighting in such a beautiful place and to hear of friends dying.

Einstein wanted to help America, so he helped the government to get money. He sold many of his famous papers. His paper on special relativity from 1905 was sold for $6.5 million!

112 words

和 訳

アメリカはマンハッタン計画に着手し、世界初の原子爆弾の製造に取りかかった。

戦争中は、アインシュタインにとってつらいものだった。彼は、ドイツにはまだ多くの友人がいたし、そこはまだ彼が愛してる国だった。彼は、ナチスが嫌いだったが、あれほど美しい場所での戦闘を見たり、友人の死を聞くことがつらかった。

アインシュタインはアメリカに力を貸したいと思い、政府の資金調達を手助けした。彼は、たくさんの著名な論文を売った。1905年に書いた特殊相対性理論についての論文は、650万ドルで売られた！

語句解説

- □ **Manhattan Project** マンハッタン計画（第2次世界大戦中に米国で進められた原子爆弾開発・製造計画）
- □ **begin ~ing** 〜しはじめる
- □ **war years** 戦時中
- □ **difficult time** つらいとき
- □ **still** まだ、今でも
- □ **terrible** 恐ろしい、ひどい
- □ **such** そのような、とても
- □ **hear of friends dying** 友人たちが死んだことを聞く
- □ **government** 政府
- □ **get money** 金を得る
- □ **paper** 論文
- □ **special relativity** 特殊相対性理論
- □ **million** 100万

目標タイム 33.6 秒	Fastを聴く（1回目）	速音読 1	速音読 2	速音読 3	Fastを聴く（成果の確認）
	1・2・3・4・5	秒	秒	秒	1・2・3・4・5

No. 3-4

Fast Track 33
Track 34 Slow

The Manhattan Project thought about asking Einstein to help, but there was a problem. He was a German, and he was a member of some socialist groups.

Einstein never did any work on the atom bomb, and in the end, he was glad that he did not. In August of 1945, America used atom bombs on the cities of Hiroshima and Nagasaki in Japan.

At the end of the war, Einstein was happy that the danger from Germany and Japan was over, but he also felt very sad. When Einstein heard about the terrible power of the atom bomb and how many people it killed, he wished that he had never told Roosevelt to make it.

116 words

和 訳

マンハッタン計画は、アインシュタインに協力を打診しようと考えたが、問題があった。彼はドイツ人で、社会主義組織のメンバーだった。

アインシュタインは、一度も原子爆弾の仕事をしなかったが、最終的には、しなかったことを喜んだ。1945年の8月、アメリカは日本の都市、広島と長崎に原子爆弾を使用した。

戦争が終わり、アインシュタインは、ドイツと日本の脅威が消えたことに喜びつつも、深い悲しみをも感じていた。アインシュタインは、原子爆弾の恐ろしい威力と、それがどれほどの人々の命を奪ったかを知ると、自分がルーズベルトに製造を告げなければと悔やんだ。

語句解説

- □ socialist　社会主義者
- □ never　決して〜ない
- □ in the end　最後には
- □ be glad that　〜であることを喜ぶ
- □ at the end of　〜の最後に
- □ be happy that　〜であることを幸せに思う
- □ be over　〜が終わる
- □ heard about　hear about（〜について聞く）の過去形
- □ wish　〜であればと願う

目標タイム 34.8秒

Fastを聴く（1回目）	速音読 1	速音読 2	速音読 3	Fastを聴く（成果の確認）
1・2・3・4・5	秒	秒	秒	1・2・3・4・5

No. 3-5

Fast Track 35
Track 36 Slow

In his later years after the war was finished, Einstein was very afraid of the danger of nuclear weapons. He watched as the United States and Russia built more and more of them. Einstein wanted to do something, and he often spoke about the dangers of nuclear war.

Einstein also started working to make society better in other ways. He supported the black rights movement, and he asked America and England to make a homeland for Jews in Israel.

In 1952, the new country of Israel asked Einstein to be its first president! He did not take the job, but many people think he would have been a very good one.

111 words

和訳

戦後、晩年のアインシュタインは、核兵器の危険性に大きな恐怖を抱いていた。彼は、アメリカやロシアがますます多くの核兵器を造るのを注視していた。アインシュタインは、何かしたいと思い、たびたび核戦争の脅威について発言した。

また、アインシュタインは、他の方法で、社会をより良くする取り組みも始めた。黒人の公民権運動を支援したほか、イスラエルにユダヤ人のための国をつくることをアメリカとイギリスに働きかけた。

1952年、新たに建国されたイスラエルから、アインシュタインに初代大統領になって欲しいとの申し出があった！　彼は、その仕事を辞退したが、多くの人は、彼が素晴らしい大統領になったであろうと考えている。

語句解説

- □ **in one's later years**　年を取ってから
- □ **be afraid of**　～を恐れる
- □ **nuclear weapon**　核兵器
- □ **in other ways**　他の方法で
- □ **black rights movement**　公民権運動（1950年代から60年代にかけて、アメリカの黒人が公民権の適用と人種差別の撤廃を求めて行った大衆運動）
- □ **homeland**　母国、本土

目標タイム	Fastを聴く（1回目）	速音読 1	速音読 2	速音読 3	Fastを聴く（成果の確認）
33.3 秒	1・2・3・4・5	秒	秒	秒	1・2・3・4・5

No. 3-6

Fast Track 37
Track 38 Slow

By the year 1955, Einstein knew that he was going to die soon. He had a serious heart problem, and it was getting worse. He looked back over his whole life, thinking about all the things he had done.

In this last year of his life, Einstein wanted to do something for peace. He talked to his old friend, the famous philosopher Bertrand Russell. They were both very afraid of the power of nuclear weapons, and they wanted to do something to make the world safer.

86 words

和訳

1955年には、アインシュタインは、間もなく自分の死が訪れることに気づいていた。彼は、重い心臓病にかかっており、それは悪化していた。彼は自分の生涯を振り返り、やってきたあらゆることに思いを馳せた。

人生最後のこの年、アインシュタインは、平和のために何かをしたいと願った。彼は、古くからの友人で著名な哲学者、バートランド・ラッセルに話した。彼らはふたりとも核兵器の威力をとても恐れていて、世界をより安全にするために何かしたいと願っていた。

語句解説

- □ **die** 死ぬ
- □ **heart problem** 心臓病
- □ **get worse** 悪化する
- □ **look back over one's whole life** ～の人生を振り返る
- □ **old friend** 旧友
- □ **philosopher** 哲学者

目標タイム 25.8 秒	Fastを聴く (1回目)	速音読 1	速音読 2	速音読 3	Fastを聴く (成果の確認)
	1・2・3・4・5	秒	秒	秒	1・2・3・4・5

No. 3-7

Fast Track 39
Track 40 Slow

Einstein and Russell decided that they should get scientists to come together to sign a document calling for peace and an end to nuclear weapons.

This was the beginning of the Pugwash Conferences where scientists get together to talk about nuclear weapons and other problems, and to work for peace. They are still very important today.

On April 12, 1955, Einstein went in to work, but he was in terrible pain. Someone asked him, "Is everything all right?" He answered, "Everything is all right, but I am not."

88 words

和 訳

アインシュタインとラッセルは、決めた。彼らは、科学者たちを集め、平和と核兵器の廃絶を訴える文書に署名をもらうべきだと。

これがパグウォッシュ会議のはじまりだった。科学者たちが一堂に集まり、核兵器などの問題について議論し、平和のために努力する。一連の会議は、今日でもとても重要だ。

1955年の4月12日、アインシュタインは、仕事場に向かったが、激しい痛みに襲われた。誰かに聞かれた、「大丈夫ですか？」と。彼は答えた、「何もかも大丈夫だ。私のほかはな」と。

語句解説

- □ get +(人)+ to+ 動詞
  (人)に〜してもらう(させる)
- □ come together　集合する
- □ sign　〜に署名する
- □ call for　〜を要求する
- □ where　〜するところの
- □ get together　集合する
- □ go in to work　仕事に向かう
- □ in pain　痛くて

目標タイム 26.4秒	Fastを聴く (1回目)	速音読 1	速音読 2	速音読 3	Fastを聴く (成果の確認)
	1・2・3・4・5	秒	秒	秒	1・2・3・4・5

自己最速を更新しよう！　Break Your Own Records!

1セクションごとの最高タイムから、音読のスピードを計算して、グラフに記入しよう。

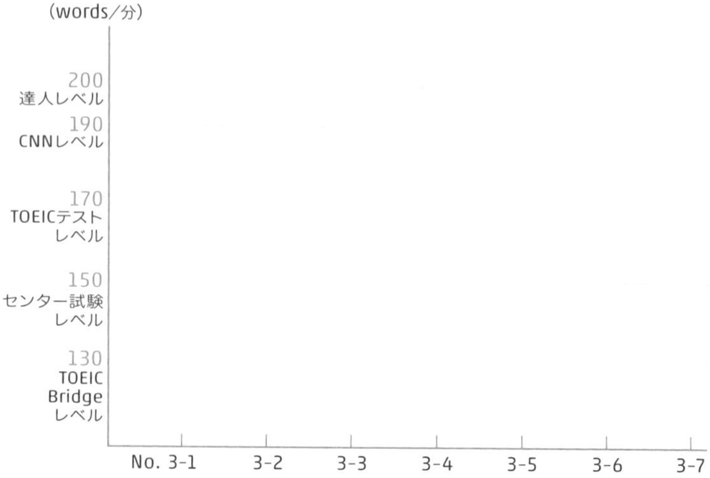

下記の　　　秒に、テキストごとの最高タイムを記入して計算すると、1分あたりのスピードがわかります。

No. 3-1	6300	÷	秒	＝		words／分
3-2	6960	÷	秒	＝		words／分
3-3	6720	÷	秒	＝		words／分
3-4	6960	÷	秒	＝		words／分
3-5	6660	÷	秒	＝		words／分
3-6	5160	÷	秒	＝		words／分
3-7	5280	÷	秒	＝		words／分

「速音読」体験談 2

自分に合った学習方法で開眼。
1年半で、545点→780点。

濱（はま） 理恵（りえ） さん

私が、速音読などの音読を中心としたトレーニングを始めたのは、1年半前のことです。それまでは、会社で週1回・1時間、ネイティブスピーカーの先生と英会話をする程度で、なかなか上達しませんでした。自己学習にチャレンジしたことはありますが、続かなかったのです。しかし、仕事では、英語のメールのやりとりなどで、少し難しい話題になると正確に理解できないか、うまく伝えることができず、英語のできる人に頼ってしまう状態でした。このまま逃げていては自分の仕事の幅を狭めてしまうと感じ、本気で勉強しようと思い立ちました。

そこで、「英語トレーニングのICC」への通学を始め、音読・速音読などの様々なトレーニング方法を教わりました。特に、CDを繰り返し聞いて、ネイティブスピーカーの発音のまねをしながらCDに合わせて音読する方法が効果的でした。これで、音の変化の法則（音法）が身につき、リスニング力が伸びました。テキストを使ったトレーニング以外にも、洋書や洋楽などを日々の生活に英語を取り入れる方法を学び、英語学習が継続できるようになりました。

スコアを上げることが、英語学習の目的ではありませんが、自分の実力を測るために定期的にTOEICテストを受験しています。トレーニングを始める前は、545点でしたが、1年半後には780点へと、235点アップしました。結果が出たのは、学習方法が合っていたからだと思い、継続して学習する意欲が湧いてきます。

思い通りに英語が使えるようになるには、まだまだ時間がかかりそうですが、この調子でトレーニングを続けて、レベルアップを目指します。

速音読していただいた英文

In the late 1930s, Einstein saw the Nazis becoming stronger and more dangerous. He saw the terrible things they were doing to Jews in Germany. The Nazis were taking the Jew's money and houses, and making them leave the country. Einstein helped as many Jews as he could to come to America. The things he saw in Germany made Einstein change his mind about war. He now thought that Hitler and Germany were so dangerous that there was no choice but to attack them. In 1939, a scientist from Hungary named Leo Szilard told Einstein that Germans were working to make an atom bomb.

速音読タイム	1回目　37秒	2回目　33秒	3回目　30秒

THE BEATLES

偉人伝 No.4

ビートルズ

1940年代初め、イギリス南西部の港町リヴァプールで生まれたジョン、ポール、リンゴ、ジョージの4人。ワーキングクラスの家庭に育った4人は、成長し20年後、世界で最も成功を収めたロックバンド、ザ・ビートルズを結成する。およそ8年の活動期間で、13枚のアルバム、楽曲213曲を発表したビートルズの音楽は、60年代以降のロック、ポップスなどのミュージックシーンにも多大な影響を与えることとなる。

No. 4-1

Fast Track 41
Track 42 Slow

On August 15, 1965, the Beatles once again made music history. That was the day they played one of the most famous rock concerts ever. It was held at Shea Stadium in New York City, and it was the largest crowd of people that had ever come to see a rock concert. There was a lot of pressure on the Beatles, and they were all nervous before the concert. No one had ever played in front of such a big crowd, there were a lot of worries about security, and everyone wondered if it was possible to put on a good show in a giant sports stadium.

107 words

和訳

1965年8月15日、ビートルズはまたも音楽界に歴史を作った。それは、彼らが史上最も有名なロックコンサートのひとつを行った日だ。それはニューヨークのシェイスタジアムで行われ、これまででロックコンサートを見に来た最多の人手だった。ビートルズには大きなプレッシャーがかかり、彼らはコンサート前にひどく緊張していた。かつてこれほどの大観衆を前に演奏したものはいなかったし、警備面でもさまざまな不安があった。そして、誰もが、満足のいくショーを巨大な競技場でできるのか、と思っていた。

語句解説

- □ **once again** 再び
- □ **be held** ～が開催された
- □ **crowd** 群集、観客
- □ **pressure** 圧力、プレッシャー
- □ **nervous** 緊張する
- □ **in front of** ～の前で
- □ **worry** 不安、心配
- □ **security** 安全、警備
- □ **wonder if** ～かどうか不思議に思う
- □ **put on a good show** 素晴らしいショーを行う

目標タイム	Fastを聴く（1回目）	速音読 1	速音読 2	速音読 3	Fastを聴く（成果の確認）
32.1 秒	1・2・3・4・5	秒	秒	秒	1・2・3・4・5

No. 4-2

Fast Track 43
Track 44 Slow

At Beatles concerts in the past, the fans had been so noisy that the usual 30-watt speakers had to be replaced with giant 100-watt speakers. During the Shea Stadium concert, however, the fans were so loud that even the 100-watt speakers could not be heard. Instead, the Beatles' music was played over the stadium's public announcement system. The crowd was so loud that the Beatles could not even hear themselves play. They had to hope that the music sounded good to the fans, and of course, it did.

88 words

和訳

それまでビートルズのコンサートでは、ファンが騒ぐため、普段の出力30ワットのスピーカーを、巨大な100ワットのスピーカーに換えなければならなかった。ところがシェイスタジアムのコンサートの最中は、ファンの歓声が大きすぎて、100ワットのスピーカーでさえ聞こえなかった。代わりに、ビートルズの曲は場内アナウンス用の音響システムを通して演奏された。大観衆のあまりの騒がしさに、ビートルズは自分たちの演奏さえ聞こえない。彼らは、ファンにいい音楽が届いていることを祈るしかなかった。そして、もちろん祈りは叶った。

語句解説

- □ in the past　これまで
- □ noisy　騒ぐ
- □ watt　ワット《単位》
- □ be replaced with　～と交換される
- □ however　しかしながら
- □ loud　騒がしい
- □ instead　その代わりに
- □ public announcement system　場内アナウンス用の音響システム
- □ hear+(人)+play　(人)が演奏するのを聴く
- □ sound good　よく聞こえる

目標タイム 26.4秒

Fastを聴く(1回目)	速音読 1	速音読 2	速音読 3	Fastを聴く(成果の確認)
1・2・3・4・5	秒	秒	秒	1・2・3・4・5

No. 4-3

Fast Track 45
Track 46 Slow

The fans went wild during the concert, and it became one of the most important cultural events of the 1960s. The concert made a lot of money and was very successful, proving that it was possible to have giant outdoor concerts. If not for the success of the Shea Stadium show, the huge outdoor rock concerts that are so popular today might never have happened.

65 words

和訳

ファンはコンサート中、大熱狂し、それは最も重要な1960年代のカルチャーを象徴する出来事になった。コンサートは、大きな利益を上げて大成功をおさめ、大規模な野外コンサートが可能であることを証明した。もしシェイスタジアムのコンサートの成功がなかったら、今日大きな人気を集めている巨大な野外ロックコンサートは、誕生しなかったかもしれない。

語句解説

- □ **went wild**
  go wild（熱狂する）の過去形
- □ **cultural event**
  カルチャーを代表する出来事
- □ **make a lot of money**
  大金を生み出す
- □ **successful**　成功した
- □ **prove that**
  ～であることを証明する
- □ **possible**　実行できる
- □ **outdoor concert**
  野外コンサート
- □ **If not for**　もし～がなかったら

目標タイム 19.5 秒	Fastを聴く（1回目）	速音読 1	速音読 2	速音読 3	Fastを聴く（成果の確認）
	1・2・3・4・5	秒	秒	秒	1・2・3・4・5

No. 4-4

Fast Track 47
Track 48 Slow

In October of 1965, the Beatles were made Members of the British Empire (MBE). It is one of the highest honors that a person from Britain can receive, and they received the award from Queen Elizabeth. But many people were angry that it was given to the Beatles. A lot of the other people who received the award were war heroes, and the Beatles were just pop singers. People thought that the Beatles were too wild with their long hair and strange music, and some people who had received the award in the past protested.

95 words

和訳

1965年の10月、ビートルズは大英帝国勲章（MBE）を授与された。それは、英国人が与えられる最高の名誉のひとつで、彼らはこの勲章をエリザベス女王から授かった。しかし、多くの人が、それがビートルズに与えられたことに怒った。他の勲章受章者の多くは、戦争の英雄で、ビートルズはただのポップ歌手だった。人々は、長髪で奇妙な音楽のビートルズを、野蛮すぎると考えた。そして、これまでの勲章受章者の一部の人々は、抗議した。

語句解説

- □ **Members of the British Empire** 大英帝国勲章
- □ **honor** 名誉
- □ **receive** ～を受け取る
- □ **award** 賞
- □ **angry** 怒って
- □ **the other people** 他の人々
- □ **war hero** 戦争の英雄
- □ **too wild** 野蛮すぎる
- □ **protest** 抗議する

目標タイム	Fastを聴く（1回目）	速音読 1	速音読 2	速音読 3	Fastを聴く（成果の確認）
28.5 秒	1・2・3・4・5	秒	秒	秒	1・2・3・4・5

No. 4-5

Fast Track 49
Track 50 Slow

For a lot of people, however, the Beatles really were heroes. The 1960s were a time when barriers between classes, races, and sexes were being broken down, and the Beatles' music was something that brought everyone together.

The Beatles had strong, working class accents, but it did not make any difference to their fans. They played on cheap instruments like guitars and drums, and showed people that the music itself was more important than the person who played it.

79 words

和 訳

それでも多くの人にとって、ビートルズはまさに英雄だった。1960年代は、階級や人種や性の壁が崩されつつある時代で、ビートルズの音楽はみんなをひとつに繋ぐものだっだ。

ビートルズには、強い労働者階級風の訛りがあったが、ファンにとってはどうでもいいことだった。彼らは、ギターやドラムといった安く手に入る楽器で演奏し、人々に音楽そのものがどんな人間が演奏するかより大切だということを示した。

語句解説

- □ barrier 障壁
- □ class （社会の）階級
- □ race 人種
- □ sex 性
- □ be broken down 崩壊する
- □ brought togehter bring together（～を一つにまとめる）の過去形
- □ working class accents 労働者階級の訛り
- □ do not make any difference to ～にとっては関係ない（重要なことではない）
- □ play on ～を演奏する
- □ instrument 楽器

目標タイム	Fastを聴く（1回目）	速音読 1	速音読 2	速音読 3	Fastを聴く（成果の確認）
23.7 秒	1・2・3・4・5	秒	秒	秒	1・2・3・4・5

自己最速を更新しよう！

Break Your Own Records!

1セクションごとの最高タイムから、音読のスピードを計算して、グラフに記入しよう。

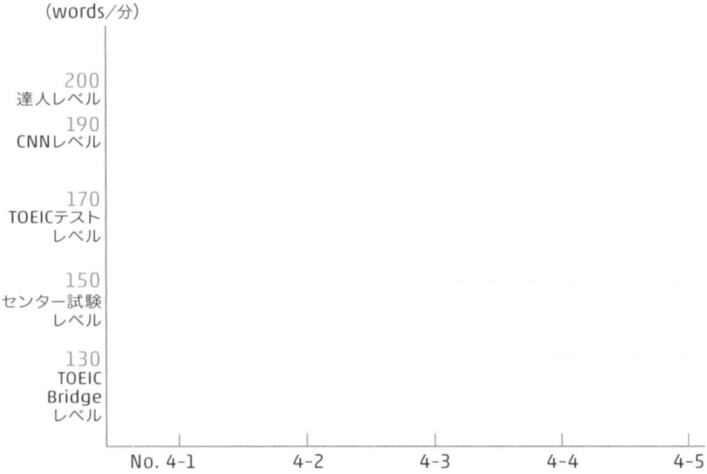

下記の　　　秒に、テキストごとの最高タイムを記入して計算すると、1分あたりのスピードがわかります。

No. 4-1	6420	÷	秒	=		words／分
4-2	5280	÷	秒	=		words／分
4-3	3900	÷	秒	=		words／分
4-4	5700	÷	秒	=		words／分
4-5	4740	÷	秒	=		words／分

「速音読」体験談3

速音読で、515点→855点。念願の800点突破。

守部幸一（もりべ こういち）さん

私は外資系の自動車部品メーカーで、設計を担当しています。自分の設計したものが、海外の工場で作られることもあり、英語でのコミュニケーションが必須の職場環境です。しかし、英会話に苦手意識を持っていた自分にとっては、海外からのEメールはともかくも、電話になると全く何を言っているのか分からず、「冷や汗たらたら」という状況でした。こうした攻撃から逃れるのはもう無理と観念して、本格的な英語学習を決意しました。

まずTOEICテストを受験しましたが、スコアは515点（L:220、R:295）。特にリスニングは、とても業務に耐えうる実力ではないことがわかりました。当時、書店で偶然手にした書籍が、鹿野先生も所属する「英語トレーニングのICC」の講師によるもので、ここから私の音読トレーニングが始まりました。音読トレーニングによって、順調にスコアは伸び、1年9ヵ月後には725点（L:370、R:355）に到達しました。しかし、仕事ではまだまだスピードについていけません。なぜかスコアも上がらなくなり、ここから3年余り悶々とした日々を過ごします。

ブレイクスルーは、スピードや瞬発力を鍛えるにはどうすればいいかを改めて考え直し、TOEICテスト公式問題集の Part3,Part4 も使って、速音読を行うことで、訪れました。20回速音読して、タイムを計測するうちに、だんだんと脳や舌が覚醒してゆく感覚を覚えたのです。それとともに今まで聞き取れなかった部分が、不思議と聞きとれるではありませんか。これらを3ヵ月繰り返し行った後に受験したTOEICテストでは、855点（L:435、R:420）を獲得することができました。

私は、この結果に満足せず、さらに上をめざして、速音読によるトレーニングで、瞬発力を鍛えていきたいと思っています。

速音読していただいた英文

On August 15, 1965, the Beatles once again made music history. That was the day they played one of the most famous rock concerts ever. It was held at Shea Stadium in New York City, and it was the largest crowd of people that had ever come to see a rock concert. There was a lot of pressure on the Beatles, and they were all nervous before the concert. No one had ever played in front of such a big crowd, there were a lot of worries about security, and everyone wondered if it was possible to put on a good show in a giant sports stadium.

速音読タイム	1回目　22秒	2回目　21秒	3回目　21秒

MICHAEL JACKSON

偉人伝 No.5

マイケル・ジャクソン

5歳で歌いはじめてから、マイケル・ジャクソンの人生は常にステージの上にあった。11歳で初のヒット曲をリリースしてから2009年の最期の時まで、ファンが見守ってきた「史上最も成功したエンターテイナー」の生涯とはどんなものだったのか。数々の伝説を残した「キング・オブ・ポップ」の素顔に迫る。

No. 5-1

Fast Track 51
Track 52 Slow

In December of 1984, the famous calypso singer Harry Belafonte became angry because African Americans had done nothing to help people in Africa. He wanted to do a project in America where famous African-American musicians would sing to raise money for people in Ethiopia. He and a famous manager named Ken Kragen contacted Lionel Richie and asked him if he would like to help. Lionel loved the idea, and they all agreed that putting out a song would be better than a concert.

83 words

和訳

1984年12月、有名なカリプソ歌手のハリー・ベラフォンテは、怒った。アフリカ系アメリカ人が、アフリカの人々を助けるために何もしてこなかったので。彼は、プロジェクトをやりたかった。有名なアフリカ系アメリカ人のミュージシャンが、エチオピアの人々への援助金を募るために歌ってくれるだろうアメリカで。彼と有名なマネージャーであるケン・クラーゲンは、ライオネル・リッチーに連絡を取り、彼が協力したいか訊ねた。ライオネルはアイデアを気に入り、彼らはコンサートよりも楽曲を一つ発表する方がいいということで、合意した。

語句解説

- □ **calypso**　カリプソ（カリブ海の音楽の一つ）
- □ **become angry**　怒る
- □ **do nothing to** + 動詞　～せずに手をこまねいている
- □ **raise money**　資金を調達する
- □ **named**　～という名前の
- □ **contact**　～と連絡を取る
- □ **would like to**+動詞　～したい
- □ **agree**　～に同意する
- □ **put out a song**　歌を発表する

目標タイム 24.9 秒	Fastを聴く（1回目）	速音読 1	速音読 2	速音読 3	Fastを聴く（成果の確認）
	1・2・3・4・5	秒	秒	秒	1・2・3・4・5

No. 5-2

Fast Track 53 / Track 54 Slow

Ken and Lionel called Michael's good friend Quincy, and by chance Michael was in the room when they called. As soon as they heard the idea, both Quincy and Michael knew that they had to do it. They, too, had seen the hungry, sick people on TV, and it had broken their hearts. A few days later, Michael, Quincy, and Lionel were at Michael's house working on the new song!

70 words

和 訳

ケンとライオネルが、マイケルの親友であるクインシーに電話すると、たまたまマイケルが、電話をしていた部屋にいた。アイデアを聞くとすぐに、クインシーとマイケルは、それをやるべきだと考えた。彼らもまた、飢えや病に苦しむ人々の姿をテレビで見て、胸を痛めていた。数日後に、マイケル、クインシー、そしてライオネルがマイケルの家に集まり、新曲作りがはじまった！

語句解説

- □ call　～に電話する
- □ by chance　偶然に
- □ as soon as　～するやいなや
- □ knew　know（～が分かる）の過去形
- □ hungry　空腹な
- □ break someone's heart　（人）の胸を張り裂けさせる
- □ a few days later　数日後
- □ work on　～に取り組む

目標タイム 21.0 秒	Fastを聴く（1回目）	速音読 1	速音読 2	速音読 3	Fastを聴く（成果の確認）
	1・2・3・4・5	秒	秒	秒	1・2・3・4・5

No. 5-3

Fast Track 55
Track 56 Slow

Michael's sister La Toya said that Michael was very serious when he was writing the song. She said, "I'd go into the room while they were writing, and it would be very quiet, which is odd, since Michael's usually very cheery when he works. It was very emotional for them." Michael and Lionel really put their hearts into the recording, and the new song was ready just two days after that. Michael and Lionel worked well together, and they wrote the song's beautiful melody and moving words as if they had been working together for many years.

97 words

和訳

マイケルの姉ラトーヤは、弟はその曲作りにとても真剣に取り組んでいたと語った。彼女は言った、「3人が曲を書いている部屋に入ると、いつもものすごく静かで、奇妙だった。マイケルは、作業中いつもとても陽気なのに。それは、彼らにとって、とても思い入れのあることだったのです」と。マイケルとライオネルは、レコーディングに真心を込め、わずか2日後には曲が準備できた。マイケルとライオネルは協力して取り組み、美しいメロディーと心揺さぶる歌詞を書き上げ、まるで長年一緒にやってきたかのようだった。

語句解説

- □ **serious** 真剣な
- □ **would+動詞** ～したものだった
- □ **odd** 奇妙な
- □ **since** ～なので
- □ **cheery** 陽気な
- □ **emotional** 感情的な
- □ **work together** 協力する
- □ **beautiful melody** 美しいメロディ
- □ **moving words** 感動的な歌詞
- □ **as if** まるで～であるかのように

目標タイム 29.1 秒	Fastを聴く（1回目）	速音読 1	速音読 2	速音読 3	Fastを聴く（成果の確認）
	1・2・3・4・5	秒	秒	秒	1・2・3・4・5

No. 5-4

Fast Track 57
Track 58 Slow

While Michael and Lionel were working on the song, Ken was out looking for singers to join the project. Some of the most famous artists of the 1980s agreed to join them. There were people like Cyndi Lauper, Stevie Wonder, Diana Ross, Billy Joel, Bruce Springsteen, Tina Turner, Paul Simon, Dionne Warwick, Willie Nelson, Steve Perry, Huey Lewis, and Bob Dylan. About a hundred well-known singers asked to be a part of the group, but in the end, only 45 were selected for this new group. It was called USA for Africa.

92 words

和 訳

　マイケルとライオネルが曲作りに取り組むあいだ、ケンはプロジェクトに参加してくれる歌手を探していた。1980年代を代表するもっとも有名なアーティストのいく人もが参加することに同意した。シンディ・ローパー、スティーヴィー・ワンダー、ダイアナ・ロス、ビリー・ジョエル、ブルース・スプリングスティーン、ティナ・ターナー、ポール・サイモン、ディオンヌ・ワーウィック、ウィリー・ネルソン、スティーブ・ペリー、ヒューイ・ルイス、そしてボブ・ディランといった顔ぶれだった。およそ100人の有名歌手が参加を希望したが、最終的に、45人だけがこの新しいグループに選ばれた。その名は、USA フォー・アフリカだった。

語句解説

- □ look for　～を探す
- □ agree to + 動詞
  ～することに同意する
- □ about　約
- □ well-known　著名な
- □ ask to + 動詞
  ～させて欲しいと頼む
- □ in the end　最後には
- □ be selected for　～に選ばれる
- □ be called　～と呼ばれる

目標タイム 27.6 秒	Fastを聴く（1回目）	速音読 1	速音読 2	速音読 3	Fastを聴く（成果の確認）
	1・2・3・4・5	秒	秒	秒	1・2・3・4・5

No. 5-5

Fast Track 59
Track 60 Slow

Michael was very worried about the media. The place where the recording was being done was a big secret, and everyone was worried about how they could get so many famous artists together. It was decided that it should be done on January 28, the night of the American Music Awards. Many of the artists were in town for the event, and they would be free at night after they finished.

71 words

和 訳

マイケルは、マスコミがとても心配だった。レコーディングが行われる場所は極秘で、どうやってこれほど大勢の有名なアーティストを集めるか、みんなが心配した。それは、1月28日に行われるべきだと決まった。アメリカン・ミュージック・アワードの授賞式が行われる夜である。その式のために多くのアーティストが市中におり、終了後の夜は自由なはずだった。

語句解説

- □ **be worried about**
  ～を心配する
- □ **media**　メディア、マスコミ
- □ **the place where**
  ～する場所
- □ **big secret**　極秘
- □ **it should be done**
  なされるべきである
- □ **in town**　市中に
- □ **would be free**
  自由になるであろう

目標タイム 21.3 秒	Fastを聴く (1回目)	速音読 1	速音読 2	速音読 3	Fastを聴く (成果の確認)
	1・2・3・4・5	秒	秒	秒	1・2・3・4・5

No. 5-6

Fast Track 61
Track 62 Slow

"We Are the World" was very important to them, so Michael, Lionel, and Quincy were afraid of what would happen with so many famous musicians in the room. Some of the singers were very proud, and Michael and Lionel worried that there would be fights or problems about the content of the song, who would sing what, and where people would stand. To let everyone know that it was important to cooperate and remember that they were there for the poor people in the world, they put up a sign that said, "Leave your ego at the door." This was a night to help people who were in need, not a time to think about one's own career or who was the best singer.

124 words

和訳

「ウィ・アー・ザ・ワールド」は彼らにとって非常に大切だったので、マイケル、ライオネル、そしてクインシーは心配だった。これだけ多くの有名ミュージシャンが部屋に集まったときに何が起こるのかと。プライドの高い歌手もいるので、マイケルとライオネルは不安だった。揉めたり、問題が起きたりするかもしれないと。曲の内容や、誰がどのパートを歌うか、立ち位置はどうするかで。協力し合うことと、世界の貧しい人々ために集まったことを忘れないことが大事であると自覚させるため、彼らはサインを掲げ、そこには「エゴはドアの前で捨ててください」と書かれていた。これは、困っている人々を救うための夜であって、自分のキャリアや誰が一番の歌手かを気にするための時間ではなかった。

語句解説

- □ be afraid of　～を恐れる
- □ what would happen　起こるであろうこと
- □ proud　プライドのある
- □ who would sing what　誰が何を歌うことになるか
- □ content　内容
- □ let+人+動詞　(人)に～させる
- □ cooperate　協力する
- □ remember　～を覚えている
- □ put up a sign　サインを掲げる
- □ ego　エゴ、自我
- □ in need　困窮している
- □ one's own　自分自身の
- □ career　経歴

目標タイム	Fastを聴く(1回目)	速音読 1	速音読 2	速音読 3	Fastを聴く(成果の確認)
37.2 秒	1・2・3・4・5	秒	秒	秒	1・2・3・4・5

No. 5-7

Fast Track 63
Track 64 Slow

The recording started late at night, and everyone worked until the early morning. Michael and the others were tired, but no one cared because they knew what they were doing was so important. All the artists were given lines to sing. Some sang them by themselves, and others worked with another singer. When it was Michael's turn, he sang together with his good friend Diana Ross.

The song was finally finished at 8 that morning. All of the artists had agreed to work for free, and none of them received any money. It all went to hungry people in the United States and Africa.

No one knew how popular the song would be, and at first, 800,000 copies were made. That was a lot, but they were all sold in three days!

132 words

和訳

レコーディングは夜遅くに始まり、みんなが早朝まで働いた。マイケルもほかのメンバーも疲れていたが、誰も気にならなかった。彼らは、自分たちがやっていることの大切さを知っていたので。すべてのアーティストに、数行の歌詞が与えられた。それらをソロで歌うものもいれば、他の歌手と一緒に歌うものもいた。マイケルは自分のパートで、仲良しのダイアナ・ロスと一緒に歌った。

曲が、最終的に完成したのは朝の8時だった。アーティスト全員が無償で働くことに同意し、誰もお金は一切受けとらなかった。収益はすべて、アメリカやアフリカで空腹を抱えている人々のもとへ行くことになった。

この曲がどれほど人気になるか誰にも予想がつかず、初回は、80万枚が作られた。かなりの枚数だが、なんと3日間で完売してしまった！

語句解説

- □ **late at night** 夜遅く
- □ **early morning** 早朝
- □ **tired** 疲れた
- □ **care** 気にする
- □ **line** 歌詞
- □ **turn** 順番
- □ **all of** すべての〜
- □ **work for free** 無償奉仕する
- □ **none of** 〜の誰もない
- □ **no one** 誰も〜ない
- □ **at first** 最初は
- □ **in three days** 3日で

目標タイム	Fastを聴く（1回目）	速音読 1	速音読 2	速音読 3	Fastを聴く（成果の確認）
39.6 秒	1・2・3・4・5	秒	秒	秒	1・2・3・4・5

自己最速を更新しよう！

Break Your Own Records!

1セクションごとの最高タイムから、音読のスピードを計算して、グラフに記入しよう。

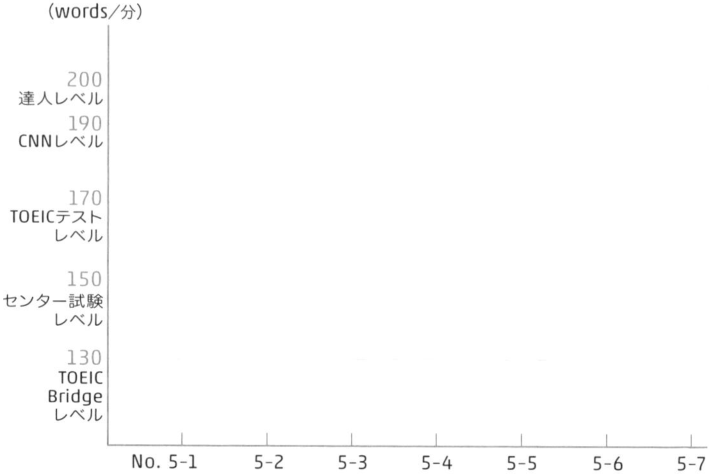

下記の　　　秒に、テキストごとの最高タイムを記入して計算すると、1分あたりのスピードがわかります。

No. 5-1	4980	÷		秒 ＝		words／分
5-2	4200	÷		秒 ＝		words／分
5-3	5820	÷		秒 ＝		words／分
5-4	5520	÷		秒 ＝		words／分
5-5	4260	÷		秒 ＝		words／分
5-6	7440	÷		秒 ＝		words／分
5-7	7920	÷		秒 ＝		words／分

「速音読」体験談 4

900点突破も夢じゃない。練習した分上手くなる学習法。

伊藤 康一（いとう こういち）さん

みなさん、こんにちは。英語の勉強は好きですか？ 私は嫌いでした。社会人になり5年がたった時です。突然ドイツへ赴任を命じられました。その時のTOEICスコアは、400点台。とても海外赴任できるレベルではなかったのですが、ドイツで5年間「ヒーヒー」言いながら、なんとか仕事をこなしました。帰国後にTOEICテストを受けると、625点になっていました。5年間も英語で苦労した甲斐があり、気がついたら点が上がっていたのです。しかし、日本で何も考えずに日々を過ごすうちにTOEICスコアは下がっていきました。

そんな時、会社で「英語トレーニング」のセミナーに参加しました。そこで、初めは全く聞き取れなかった英語が、音読や速音読などのトレーニングをした後は、するすると頭の中に入っていく体験をしたのです。たった数分で、聞き取れなかった英語が分かるようになっている自分に、感動を覚えました。

できない事ができるようになるって、とても気分が良くありませんか？ 自分はテニスをするのですが、練習をして自分のショットの種類が増え、実戦でそれが使えるようになると嬉しいものです。同じことが英語でもいえると思います。聞けない、話せない英語が、トレーニングで聞けて、話せるようになり、実際の会話で使えるようになると嬉しいものです！ トレーニングで、TOEICスコアも895点まで上昇しました。

英語トレーニングの中で、自分に一番効果があると感じているのが「速音読」です。このトレーニングは、もの凄く頭に負荷がかかるのですが、その後にその英文を聞くと、「スルスル」っと頭の中に入って行くのが体感できます。皆さんも是非、自分の隠れた才能を「速音読」で発見してください！

速音読していただいた英文

In December of 1984, the famous calypso singer Harry Belafonte became angry because African Americans had done nothing to help people in Africa. He wanted to do a project in America where famous African-American musicians would sing to raise money for people in Ethiopia. He and a famous manager named Ken Kragen contacted Lionel Richie and asked him if he would like to help. Lionel loved the idea, and they all agreed that putting out a song would be better than a concert.

速音読タイム	1回目　26秒	2回目　25秒	3回目　22秒

STEVE JOBS

偉人伝 No. 6

スティーブ・ジョブズ

アップル社の創業者の一人でありながら、一度は追放されたジョブズ。ベージュの重たくて醜い、箱形コンピュータではなく、フレンドリーで楽しいものを作りたい。どんなに反対されても、"Think Different" の精神を曲げなかったジョブズが世に送り出したのは、シースルーのブルーのケースに入ったコンピュータだった。後にイチゴ色などの多色展開も行い、コンピュータのデザインや色に一石を投じることとなる。

No. 6-1

Fast Track 65
Track 66 Slow

In 1997, when Jobs was running both Apple and Pixar at the same time, he worked very, very hard. He got so tired that he developed kidney stones. In October 2003, his doctor asked him to get a kidney scan.

The scan showed that his kidneys were fine but that there was a shadow on his pancreas. When the doctors checked his pancreas, they found a cancer tumor. All Jobs's friends advised him to have an operation as soon as possible, but as a true hippie, he wanted to try "alternative" therapies first.

93 words

和 訳

1997年、ジョブズがアップルとピクサーの両方を同時に経営していた頃、彼は非常に一生懸命働いた。過労のせいで、腎臓に結石ができた。2003年10月に、医師は彼に腎臓のCTスキャンを撮るよう勧めらた。

スキャンの結果、腎臓に異常はなかったが、膵臓に影があることが分かった。医師たちは膵臓を調べ、癌腫瘍を見つけた。友人たちは皆、できる限り早く手術を受けるよう忠告したが、生粋のヒッピーである彼は、まずは「代替」療法を試すことを望んだ。

語句解説

- □ run　～を経営する
- □ at the same time　同時に
- □ work hard　一生懸命に働く
- □ develop　（病気）を発症する
- □ kidney stone　腎臓結石
- □ get a kindney scan
  肝臓をCTスキャンする
- □ pancreas　膵臓
- □ cancer　癌
- □ tumor　腫瘍
- □ have an operation
  手術をする
- □ as soon as possible
  できるだけ早く
- □ as a true hippie
  本物のヒッピーとして
- □ alternative　代替の
- □ therapy　治療

目標タイム 27.9秒	Fastを聴く（1回目）	速音読 1	速音読 2	速音読 3	Fastを聴く（成果の確認）
	1・2・3・4・5	秒	秒	秒	1・2・3・4・5

No. 6-2

Fast Track 67
Track 68 Slow

He started a special diet (no meat, fish, eggs or dairy products, and only carrot juice and fruit juice to drink). He also had acupuncture and herbal medicine treatments. Nine months later, in July 2004, Jobs had a second scan. The tumor had got bigger.

Finally, Jobs had an operation. When the doctors cut out part of his pancreas, they found that the cancer had spread to his liver. Jobs told everybody he was okay now, but he had to start having chemotherapy.

Jobs was very strong-willed and always did exactly what he wanted. Some people think that if he had taken other people's advice and had the operation earlier, he might still be alive today.

116 words

和訳

彼は、特殊な食事法を始めた（肉、魚、卵、乳製品は摂らず、ニンジンのジュースとフルーツのジュースだけを飲む）。彼は、はり治療と漢方薬も試した。９ヵ月後の2004年7月、2度目のスキャンを撮った。腫瘍は大きくなっていた。

とうとう、ジョブズは手術を受けた。医者たちが膵臓の一部を切り取った際に、癌が肝臓にも広がっているのを見つけた。ジョブズは、みんなにもう大丈夫だと言ったが、実際は化学療法を始めるほかなかった。

ジョブズは意思が強く、いつでも自分の思ったとおりにやってきた。もし彼が他人の忠告を受け入れて早く手術していたら、彼は今もまだ生きていたかもしれないと考える人もいる。

語句解説

- □ special diet　特別な食事
- □ dairy products　乳製品
- □ acupuncture　鍼
- □ herbal medicine　植物薬、漢方薬
- □ treatment　治療
- □ get bigger　大きくなる
- □ finally　ついに
- □ spread　広がる、分散する
- □ liver　肝臓
- □ chemotherapy　化学療法
- □ strong-willed　意志の強い
- □ take someone's advice　（人）の忠告を聞く
- □ alive　生存して

目標タイム 34.8 秒	Fastを聴く（1回目）	速音読 1	速音読 2	速音読 3	Fastを聴く（成果の確認）
	1・2・3・4・5	秒	秒	秒	1・2・3・4・5

No. 6-3

Fast Track 69
Track 70 Slow

The year after his operation, Steve made a speech at Stanford University. He talked to the students about what death meant to him.

For the past 33 years, I have looked in the mirror every morning and asked myself: "If today were the last day of my life, would I want to do what I am about to do today?" And whenever the answer has been "No" for too many days in a row, I know I need to change something.

81 words

和 訳

手術を受けた翌年、スティーブはスタンフォード大学でスピーチを行った。彼は学生たちに、死が自分にとって持つ意味を語った。

これまでの33年間、私は毎朝鏡をのぞいて自問します。「もし今日が人生最後の日だとしたら、今日やろうとしていることを、本当にやりたいだろうか」と。そして、「ノー」と答える日が何日も何日も続くといつも、何かを変えねばならないと気づくのです。

語句解説

- □ **make a speech** スピーチをする
- □ **talk to** 〜に話しかける
- □ **death** 死
- □ **meant** mean（〜を意味する）の過去形
- □ **ask oneself** 自問する
- □ **be about to + 動詞** まさに〜しようとする
- □ **in a row** 連続して、一列に並んで

目標タイム	Fastを聴く（1回目）	速音読 1	速音読 2	速音読 3	Fastを聴く（成果の確認）
24.3 秒	1・2・3・4・5	秒	秒	秒	1・2・3・4・5

No. 6-4

Fast Track 71
Track 72 Slow

Remembering that I'll be dead soon is the most important tool I've ever encountered to help me make the big choices in life.... Remembering that you are going to die is the best way I know to avoid the trap of thinking you have something to lose. You are already naked. There is no reason not to follow your heart.

Your time is limited, so don't waste it living someone else's life. Don't be trapped by dogma—which is living with the results of other people's thinking. Don't let the noise of others' opinions drown out your own inner voice. And most important, have the courage to follow your heart and intuition. They somehow already know what you truly want to become.

125 words

和 訳

自分はもうすぐ死ぬと自覚することは、私の生涯で最も重要なツールです。人生の大きな決断を助けてくれる。…あなたがいつか死ぬと自覚することは、私が知る最善の方法です。あなたが何かを失うのではないかと考えてしまう罠を避けるための。あなた方はすでに丸裸なのです。自分の心に従わない理由は、何もありません。

あなた方の時間には限りがあります。ですから、他人の人生を生きて時間を無駄にしてはいけません。ドグマにとらわれてはいけません――それは他人の思考の結果に沿って生きることです。他人の意見の雑音に、あなた方の内なる声をかき消させてはいけません。そして最も大切なことですが、自分の心と直感に従う勇気を持ってください。それらは、あなたが本当になりたい姿をもうすでに知っています。

語句解説

- □ encounter　～に遭遇する
- □ make the big choices　大事な選択をする
- □ avoid　～を避ける
- □ trap　罠
- □ naked　裸の、ありのままの
- □ There is no reason not to + 動詞　～しない理由はない
- □ follow one's heart　心に従う
- □ waste　～を浪費する
- □ dogma　ドグマ、独断的考え
- □ drown out　drow out（～をかき消す）の過去形
- □ have the courage to + 動詞　～する勇気を持つ
- □ intuition　直感、洞察力

目標タイム 37.5 秒	Fastを聴く（1回目）	速音読 1	速音読 2	速音読 3	Fastを聴く（成果の確認）
	1・2・3・4・5	秒	秒	秒	1・2・3・4・5

自己最速を更新しよう！

Break Your Own Records!

1セクションごとの最高タイムから、音読のスピードを計算して、グラフに記入しよう。

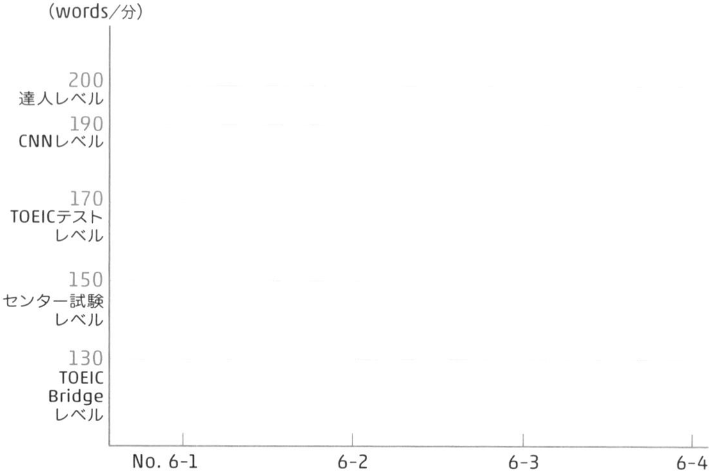

下記の　　　秒に、テキストごとの最高タイムを記入して計算すると、1分あたりのスピードがわかります。

No. 6-1	5580	÷	秒	=		words／分
6-2	6960	÷	秒	=		words／分
6-3	4860	÷	秒	=		words／分
6-4	7500	÷	秒	=		words／分

Index

A

B

C

D

E

F

G

H

I

J

K

L

M

R

S

T

音読から速音読、そして多読へ

英語トレーニングのICC
鹿野　晴夫

多読を始めるならラダーシリーズ

本書では、使用語彙数が「1,000語・1,300語・1,600語・2,000語・制限なし」と5段階に分かれた「ラダーシリーズ」から選んだ英文をテキストとして使用しました。ラダーシリーズは、「はしご(ladder)」を使って、一歩一歩上を目指すように、学習者の実力に合わせ、無理なくステップアップできるように開発された英文リーダーのシリーズです。

リーディング力をつけるためには、繰り返したくさん読むこと、いわゆる「多読」がもっとも効果的な学習法です。多読では、「1. 速く、2. 訳さず英語のまま、3. なるべく辞書を使わず」に読むことが大切です。私自身も、TOEIC 600点の頃から、苦手なリーディングを克服すべく、ラダーシリーズ（当時は、ラダーエディション）を読み始め、50冊を読み終えた頃には、850点に達していました。

ラダーシリーズは、誰でも子供の頃に日本語で親しんだ古典的名作を中心に、構文的にもやさしい英語でリライトしてあります。読むことは、日本語に訳すことではなく、英語で内容を想像することですから、ストーリーを知っている本ほど内容を想像しやすく、楽しく読み進めることができます。

しかし、いざラダーシリーズを手にとって、多読にチャレンジしてみても、スラスラ読めないという方もいるはずです。私も、TOEIC 300点台の頃には、1,000語レベルの本すら、読むのにとても時間がかかり、途中で投げ出してしまった記憶があります。語彙レベルが制限され、かつ知っているストーリーだからといって、英語のまま理解できるわけではないのです。

ここで、「我慢して読み続ければ、いつかスラスラ読めるようになる」と考えるのは禁物です。我慢して読まなければいけないのは、多読の基礎となる速読ができていないからです。これは、基礎練習が足りない状態で、練習試合に臨むようなものです。中には、強引に多読を続けることで、力を伸ばす人もいますが、成功率は高くありません。ほとんどの場合、挫折が待っています。

TOEIC スコアのアップにも多読が有効

前述の通り、読む力を伸ばすには、多読がもっとも効果的な方法ですが、TOEIC テストの練習問題（Part 7）などを使い、時間を計って解くことなどで、読むスピード（速読力）だけを短期間で上げようとする人もいます。しかし、成功率は高くありません。テクニックで速読スピードを多少上げたとしても、TOEIC テストに必要な「大量の英文を一気に読み終えることのできるスタミナ」が不足するからです。

短距離走の練習しかしていない人が、マラソンに挑めば、途中で息切れしてしまうに決まっています。TOEIC 600点未満の方のほとんどが、リーディング問題を解き終えることができずに、やり残しているはずです。ヘタなTOEIC対策などしなくても、問題のやり残しが無くなれば、600点を超えることができます。そのためには、速読力という「瞬発力」だけでなく、75分間読み続けることができる「持久力」を、多読によって養うことが効果的です。

また、リーディング力を伸ばすことは、リスニング力のアップにもつながります。特に、TOEICのPart 4（説明文問題）では、アナウンス、スピーチといった「文字で書かれた原稿」が音読され、それをリスニングします。TOEICリスニング問題の音声スピード（音読スピード）は、1分間に150語〜200語程度です。ですから、このスピードと同程度の「音読スピード」があれば、音声を英文としてキャッチすることできます（音→英文）。そして、このスピードを上回る速読力があれば、内容をラクに理解することができます（英文→意味）。さらに、多読で培ったスタミナがあれば、集中力が途切れることなく、リスニング問題を解き続けることができます。

音読と速音読で、速読力を養う

本書で紹介のトレーニングで、英語を英語のまま理解できる「英語回路」が育成できます。英語を英語のまま理解できるわけですから、リスニング力だけでなく、リーディング力（とりわけ速読力）も育成できます。心配な方は、「基本編（リスニング力を強化する）」のトレーニングStep 1と、Step 5でCD【fast】を聞いた後で、秒数を測りながら、英文を黙読してみてください。速読スピードが向上しているはずです。

音読することで、黙読（速読）スピードが向上するのは、何故でしょう？ 実は、ネイティブスピーカーは、黙読していても、脳の音声領域が反応しています。黙読とは、声に出さない音読なのです。ですから、英文を速音読した後で黙読すると、物理的に口を動かして声を出すというブレーキが外れて、速読スピードが一気に上がります。

事実、ネイティブスピーカーの音読スピードの限界は、1分間に200語程度ですが、黙読なら1分間に300語以上のスピードになります。1分間に300語以上で英文を理解できる処理力で、1分間に150～200語の英語を聞けばどうなるでしょう？ 英語が、ゆっくり聞こえます。皆さんも、本書のトレーニングStep 5で、ふたたびCD【fast】を聞くと、最初よりゆっくりと聞こえるはずです。これが、ネイティブスピーカーの感覚なのです。

ところで、皆さんは、母国語（日本語）を最初から黙読できましたか？ 日本人の場合は、だいたい2才で聞き始め、3才で話し始め、4才で読み始めますが、この段階では黙読できません。黙読ができるのは、小学校に上がって、教科書を使って音読を練習し、2年生になる頃です。文字を見て音読する（文字→音）トレーニングを続けると、音読しなくても、脳の音声領域が反応するようになり、黙読できるようになるのです。この原理は、何語でも同じです。

では、脳の音声領域が反応すると、黙読できるのは何故でしょう？ 前述の通り、自然な言語習得は、聞くことから始まります。親が、「マンマよ」という具合に、食べ物などを見せながら、子供に話しかけを続けることで、音（リズム）を聞くと、絵（イメージ）が浮かぶようになります。やがて、頭に浮かんだイメージをリズムで伝えられるようになり、話せるようになります。読む際は、音読することで、文字をリズムに変換して、頭にイメージを浮かべます。やがて、音読しなくても、文字をリズムに変換できるようになり、黙読できるようになるのです。

ですから、音読できない英文は、黙読（速読）もできない（意味がわからない）のが自然です。反対に、黙読できる英文は、音読もできますし、聞いてもわかるのが自然です。もちろん、日本語に訳せば、音読できない英文でも、意味が理解できますが、訳読できるスピードは、せいぜい1分間に75語程度です。TOEICテストなら、リーディング問題を半分やり残し、1分間に150語以上の音声を聞くリスニングでは、パニックになります。

結局、「郷に入れば郷に従え」の言葉通り、英文を速読できるようになるには、ネイティブスピーカーの練習方法（音読）が一番というわけです。

速読力を養う音読・速音読のコツ

前述の通り、ネイティブスピーカーは、黙読（速読）の際に、文字をリズムに変換します。ここで大事なことは、ひとつひとつの単語を音に変換していくのではなく、実際に話される際と同様に、意味の区切り単位で、リズムに変換していることです。意味の区切りとは、「誰が」「どうした」「誰に」「いつ」「どこで」「どんなふうに」といったことです。

これは、日本語で、「私は毎日テレビを見ます」であれば、「私は / 毎日 / テレビを / 見ます」というリズムが最小単位で、人によって「私は毎日 / テレビを見ます」「私は / 毎日テレビを / 見ます」「私は / 毎日テレビを見ます」という違いはあっても、「私 / は / 毎 / 日 / テ / レ / ビ / を / 見 / ま / す」とは、言わないのと同じです。

ネイティブスピーカーは、日常的に母国語を聞き、毎日の音読を小学校の6年間続けます。ですから、文字を見れば、自然にリズム変換できます。では、英語のネイティブスピーカーではない私たちが、文字（英文）をリズムに変換できるようになるには、どうしたら良いのでしょうか？　ひとつは、毎日10分で構いませんから、音読習慣をつけること。そして、リズムを意識して、音読・速音読を行うことです。

下記の練習で、リズムを意識した練習のコツをつかみましょう。

練習1

下記の英文（本書62ページ掲載）を、意味の区切り（リズム）を意識して音読できるか、試してみましょう。

Gandhi decided to use salt. There was a high tax on it, and no one in India could make it or sell it. For Gandhi, this salt tax was a symbol of the problems the British were making for India.

Indians could not make their own salt, so they had to buy it, and it was very expensive. The British got a lot of money from salt, so the tax was very important to them.

It may seem strange to choose salt, but it was something that everyone needed to live. Both rich and poor, Muslim and Hindu needed salt, so it was something that could bring all Indians together against the British.

練習2

1. CD【slow】(Track 16) を聞いて、リズム（意味の区切り）を確認しましょう（この英文には、わかりやすいように「/」を入れてあります）。
2. 確認したリズム（意味の区切り）を意識して音読しましょう。
3. 内容をイメージしながら音読しましょう。(Gandhi、salt、tax、India、make、sell などイメージしやすい部分だけでも、想像できれば OK。)

Gandhi / decided to use salt. / There was a high tax / on it, / and no one in India / could make it / or sell it. / For Gandhi, / this salt tax / was a symbol / of the problems / the British were making / for India. /

Indians / could not make / their own salt, / so they had to buy it, / and it was very expensive. / The British / got a lot of money / from salt, / so the tax / was very important / to them. /

It may seem strange / to choose salt, / but it was something / that everyone needed / to live. / Both rich and poor, / Muslim and Hindu / needed salt, / so it was something / that could bring all Indians together / against the British. /

音読と多読の両輪で、英語力が飛躍する

音読の習慣ができたら、少しずつ多読にチャレンジしましょう。なお、多読を始めたばかりの時期に、無理は禁物です。極力やさしいもの、内容を推測しやすいものから始めます。本書に収録の6つのストーリーから、読みやすそうなものを選び、そのラダーシリーズの本を読むのもお勧めです。多読の目的は、音読で養った速読スピードで、大量の英文を読み、スピードを持続できるスタミナを養うことです。ですから、多読の際は、前述通り「1. 速く、2. 訳さず英語のまま、3. なるべく辞書を使わず」読みます。

「辞書を引かずに語彙が増えるのか？」という疑問を持たれる方もいるかもしれません。しかし、多読は語彙を増やすために行うものではありません。英文を読んでいて知らない単語に出会っても、その単語の発音がわかりませんし、意味もわからないのですから語彙は増えません。文脈から、意味を推測することは可能ですが、推測した程度では記憶に定着しません。だからといって、いちいち辞書を引いていたのでは、スピードが上がりません。

中学高校で習う単語、約3,000語を完璧に覚えていれば、TOEICで860点以上の取得が可能です。しかし、単語の暗記は、歴史の年号を覚えるようなもので、すぐに忘れてしまいます。単純記憶したものの1ヵ月後の定着率は21%といわれています。79%は忘れるわけです。ですから、記憶するには、覚えることよりも、忘れないことに比重をかける。つまり定着率を上げることを考える必要があります。

そのためには、忘れてしまう前にもう一度その単語に出会うことが必要です。具体的な方法は、日本語訳で英文の意味を確認した上で、何度も音読をすることです。100語の英文の音読は、1分かからずにできます。日本語訳で意味を確認して、CDを聞き、真似するように3回音読、さらに速音読を3回しても、10分で終わります。

英文を変えながら、30日続けると、3,000語です。1回では、頭に残らないような気がするかもしれませんが、移動中にCDを聞いたり、シャドウイング（40ページ）をしたりすれば、思い出します。これを、半年続ければ3,000語を6回転、1年続ければ12回転することになりますから、忘れることなく単語の意味が定着します。

しかし、これではまだ不十分です。単語の意味は、文脈によって異なるからです。例えば、I'm still busy.「私はまだ忙しい」という文で、stillを「まだ」と覚えただけでは、The sea is still.「海は静かだ（波がない）」という英文を読んでも、すぐにはイメージがわかない（意味がわからない）はずです。知っている単語を、様々な文脈の中で捉え直す作業を通して、語感（言葉の持つイメージ）を広げていく。stillであれば、「じっとした」「静止した」「静かな」といったイメージが持てるようになっていく。そのために不可欠なのが、多読なのです。

音読・速音読とリスニングで、単語の基本的な意味を定着させ、多読で語感を養う。音読・速音読で、速読スピードを上げ、そのスピードで多読することで、スタミナを養う。音読と多読の両輪でこそ、英語力は飛躍します。

ラダーシリーズ

ラダーシリーズは、使用する単語を限定して、やさしい英語で書き改められた、多読・速読に最適な英文リーダーです。巻末にワードリストが付属しているため、辞書なしでどこでも読書が楽しめます。ラダーシリーズで「はしご（ladder)」を一段ずつ登るように、ステップアップしましょう！

LEVEL	1	2	3	4	5
使用語彙	1000語	1300語	1600語	2000語	制限無し
TOEIC®テスト	300点以上	400点以上	500点以上	600点未満	700点以上
英検	4級以上	3級以上	準2級以上	2級以上	準1級以上

●**ラダーシリーズの特徴**

1. 中学校レベルから中級者レベルまで5段階に分かれています。自分に合ったレベルからスタートしてください。

2. 使用語彙について
レベル1：中学校で学習する単語 約1000語
レベル2：レベル1の単語＋使用頻度の高い単語 約300語
レベル3：レベル1の単語＋使用頻度の高い単語 約600語
レベル4：レベル1の単語＋使用頻度の高い単語 約1000語
レベル5：語彙制限なし

3. クラッシックから現代文学、ノンフィクション、ビジネスと、幅広いジャンルを扱っています。あなたの興味に合わせて読み物を選べます。

4. 巻末のワードリストで、いつでもどこでも単語の意味を確認できます。レベル1、2では、文中の全ての単語が、レベル3以上は中学校レベル外の単語が掲載されています。

5. カバーにヘッドホーンマーク（Audio Support）のついている書籍は『オーディオ・サポート』があります。音声データ（MP3形式）をダウンロードして（有料）、リスニング教材として併用できます。

The Gandhi Story
ガンジー・ストーリー

レベル1　**総単語数 8,190語**

ジェイク・ロナルドソン 著　102ページ
定価：本体800円＋税　ISBN 978-4-7946-0055-4

The Albert Einstein Story
アインシュタイン・ストーリー

レベル1　**総単語数 9,480語**

ジェイク・ロナルドソン 著　112ページ
定価：本体900円＋税　ISBN 978-4-7946-0052-3

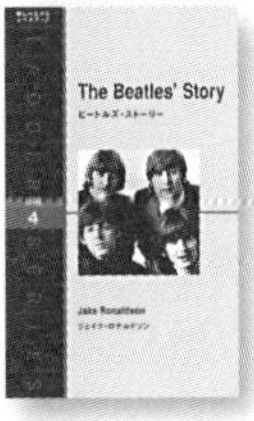

The Beatles' Story
ビートルズ・ストーリー

レベル4　**総単語数 14,940語**

ジェイク・ロナルドソン 著　120ページ
定価：本体950円＋税　ISBN 978-4-7946-0037-0

Sakamoto Ryōma
坂本龍馬

レベル4　**総単語数 15,190語**

西海コエン 著　120ページ
定価：本体900円＋税　ISBN 978-4-7946-0035-6

The Steve Jobs Story
スティーブ・ジョブズ・ストーリー

レベル4　**総単語数 10,670語**

トム・クリスティアン 著　118ページ
定価：本体1,000円＋税　ISBN 978-4-7946-0123-0

The Bill Gates Story
ビル・ゲイツ・ストーリー

レベル5　**総単語数 13,400語**

トム・クリスティアン 著　136ページ
定価：本体1,000円＋税　ISBN 978-4-7946-0517-7

「英語回路」育成計画
1日10分 超音読レッスン 偉人伝編［新装版］

2012年8月5日 初 版 第1刷発行
2020年12月4日 新装版 第1刷発行

著　者　鹿野 晴夫
監　修　川島 隆太

発行者　浦 晋亮

発行所　IBCパブリッシング株式会社
〒162-0804 東京都新宿区中里町29番3号 菱秀神楽坂ビル9F
Tel. 03-3513-4511 Fax. 03-3513-4512
www.ibcpub.co.jp

印刷所　株式会社シナノパブリッシングプレス

カバー写真：Bettmann/gettyimages

Printed in Japan

ISBN978-4-7946-0645-7